JN408732

새들의 행선지

문학공원 시선 107

새들의 행선지

김태연 시집

문학공원

시집을 내며

욕심내지도 형식에 치우치지도

늦깎이 글 바보가 제 이름입니다
64살에 글공부를 시작 했으니 글 바보 맞지요
봄 학기 끝나고 가을학기 기다리려면 몸살을 해요
혹여 방학기간에 특강이 있으면 그건 횡재랍니다
그간, 후배들에게 동기부여라 생각하면서
틈만 나면 자신을 위해 10%만 투자하라고 강조했어요
그도 어려우면 5%만이라도 투자를 권유했지요
더러는 동화구현 스피치 유화를 선택했고
몇몇은 저를 따라 글쓰기를 시작 했습니다
그 후배들이 시로 등단하고 수필로 등단하고
그것이 제겐 큰 보람이었습니다
졸작인 시집을 묶기까지
단 결강하지 않고 과제 시 거르지 않고
큰 욕심내지 않고 형식에 치우치지 않고
그저 마음가는대로 편안하게 쓰려고 했습니다
잘 쓰진 못해도 열심히 썼노라고 말입니다
앞으로도 계속해서 사랑하는 문우님들과 함께 건강 챙기면서
꾸준히 어우러진 글쓰기로 평생을 지내고 싶습니다

2016년 초여름 김 태 연 배상

서문

불가능과 가능의 차이는 없다

김태연 시인의 시는 날개를 달은 듯 날아다닌다.
그녀의 생각은 가지 못할 곳은 없으며
그녀의 상상 속에서는 모든 것이 살아 움직인다
바위가 천연덕스런 아이가 되기도 하고
길이 커다란 나무가 되기도 한다
그녀의 과거는 언제나 현재와 공존하고 있기 때문에
힘들었던 기억이나 슬픈 기억은 없다
새로 재생해서 새로운 날개를 달아주면
추억은 별이 되기도 하고
꽃이 되기도 하는 것이다
그래서 김태연의 시는 과거와 현재
땅과 하늘
불가능과 가능의 차이가 없애고 함께 공존한다
그것이 우리가 시를 쓰는 목적인데
그녀는 시를 통하여 시공을 초월하여 행복을 일궈낸다.

- 김 순 진(문학평론가 · 고려대 평생교육원 교수)

CONTENTS

1부 담쟁이 무사

2부 비에 젖은 꽃길

CONTENTS

3부 나물 뜯고 가재 잡고

4부 봄은 한 근에 얼마지

- 1부 -

담쟁이 무사

두물머리

세미원에 가면 은은한 연향이 코를 자극합니다
입장료를 내면 차를 마실 수 있는 티켓 두 장이 주어지고
담장 안에 널브러진 항아리들이 물 춤을 춥니다
소나무 그늘로 들어서서
창포 즐비한 물길에 그림자 밟으며 징검다리를 건넙니다
마주 걷는 색색양산과 만나면 조심스레 길 터주고
길 지킴이 고목 찰칵 핸드폰에 담습니다
잔디밭길 지나 연 밭으로 향하면서 청룡 홍룡을 또 한 컷 담고
층층거리 연 잎 살피며 물에 비친 햇빛도 한 줌 훔칩니다
배다리 조성 후 첫걸음이라서 마음 설레고
청사초롱 곱게 걸린 배다리를 흔들리며 걷습니다
때로는 변모해가는 모습이 낯설기도 하지만
세월 좋아 발전하는 것이라 여기면 위안이 된답니다
연밭 언저리 대형하우스엔 연잎차가 준비되어 있으니
땀방울 섞인 연잎차를 이열치열로 음미해봅니다

얼마 전 언 땅 파헤치고 공사가 한창이던 그곳이
대망의 2015년 새봄에는
아늑한 현장학습장으로 거듭나기를 기대해봅니다

담쟁이 무사

단풍이 뿔났다
굴참나무 감아 오른 담쟁이가
이글이글 온몸에 불붙이고 스스로 타고 있다
소나무 휘감아 오른 동지도
바위 깔고 앉아 게으름 피우던 이웃도
목을 감쌌던 고운머플러 내팽개치고
덩달아 옷자락에 불붙이고 검게 그을려간다
앙상한 가시 곧추세운 무사들이 늘어간다
세월 앞엔 장사 없다더니
진액 갈취에 연연하던 그들도 별 수 없었나 보다
된서리 내리던 날
등등한 기세 접으니 쓸쓸함만 더해간다

정말 곱다란 말 던지며 눈길 주던 산사람들
관심 뚝 끊은 채 발걸음 재촉한다

방호벽 타는 담쟁이

입춘이 지나고 우수 경칩이 되니
칠칠한 잿빛 옷 벗어던진 그들이
연녹색 옷 갈아입으며 기지갤 켠다
높디높은 벽 성큼성큼 기어올라 소음 즐기던
여름을 노래하며 청춘을 자랑삼던 그날의 기억으로
화려한 옷자락 걷어 제치고 가시 곧추세우던 그들
벌거숭이로 황량한 벌판 보초서기 하면서 지새우던
숱한 날들 뒤로한 채 소생의 몸부림이 선명하다
머지않아 오가는 행인께 나풀나풀 반가운 손사래로
미소 안겨줄 싱그러운 청춘을 손꼽아 기다린다
그들이 낸 물길 올려보며 정겨운 고향으로 내달던 날들
훤칠한 키로 힘차게 움켜잡은 근육질 보이고
울퉁불퉁 솟은 혈관엔 건강미 넘치던 활기찬 모습
100km로 넘나들면서 간간이 훔쳐보던 쏠쏠한 재미
생각만으로도 싱그러움이 코끝으로 전해온다

링거줄

흐느적흐느적 연체동물 닮은 그녀
손발 없는 몸통에 약병이고 흔들흔들
때때로 시위하며 물러설 줄 모르는 그녀
좀처럼 떠날 생각 않고 감시의 눈길로 곁을 지킨다
더러는 환우의 손목을 비틀어대고
그도 부족해 발목을 걸어 패대기치기도 한다
게다가 못된 성깔이 발동하면 식판을 뒤집고
가끔은 세면장으로 향하는 환자를 잡아채기도 한다
나 하나만 괴롭힌다면 다행이라 하겠지만
이웃사촌까지 걸고넘어지려 하니 심각한 문제아다
열대야로 잠 못 들어 괴로운 밤
솜씨 좋은 중국교민 간병인을 만난 그녀
일과라야 기껏 환자 몸에 약물공급이 전부이던 그녀가
예술적 아름다움으로 거듭나면서 신바람을 일으킨다

사랑의 손길로 아름다워진 그녀
부러움에 찬 귀한 대접 받으며 히죽이죽 웃는다

차단기

십여 년 전 어렵사리 농수산동에 취직한 그
술시도 아닌데 누군가 지나갈라치면 건들건들
만취상태로 길을 막고 흐름을 방해합니다
농수산동 개장 시엔 자유롭던 출입구였답니다
경제에 밝은 지자체 나리님께서 망령이라도 들었는지
수익성 운운하며 어느 날 그를 문지기로 세웠습니다
처음엔 제법 말끔한 자세로 임하던 그가
긴 세월 잘 버틴다 싶더니 수전증이라도 걸렸나 봅니다
밤낮없이 올리고 내리고 수신호를 보내야 하건만
팔을 들어 올릴 때마다 덜덜덜 떨고 있습니다
그도 나처럼 초췌한 모습으로 낡아가고 있습니다
오늘은 출근길의 발목을 잡고 놓아주질 않습니다
울화가 치밀어 금방이라도 속이 터질 것만 같습니다
홧김에 세찬 발길로 확 걷어차고 싶습니다

요즘 그를 바로세울 신약을 개발 중이라는데
언제쯤이면 새로운 세상을 살아갈 수 있을지

바리스타 꿈, 안 버린 스타

15주에 걸친 바리스타 수강 중 응시 권유를 받고
늦은 나이에 겁 없이 도전한 난 분명 푼수일 게다
틈틈이 암기를 거듭했지만 반신반의 하면서
찾아간 시험장 한양공고 3층 312호실
삼십 년 만에 치루는 시험이란 부담감에
안정을 찾겠다고 청심환을 준비해 마신다
빠르게 달려가는 종료시간에 쫓기듯 훑어보던 문제들
시험지 펴들기 바쁘게 문제란 놈에게 쫓겨 멀리 달아난다
평소 믹스커피를 즐겨 마셔왔던 늦깎이
배운 거라곤 에스프레소와 카푸치노 단 두 가지뿐인데
경험하지 못한 현대판 원두커피의 종류를 어찌 알랴
난감한 문제는 대강 찍어 합격률을 높였다 말하는 젊은이들
하지만 아리송한 문제는 대략 건너뛰고만 고지식한 나
낙방한 주제에 무슨 할 말이 있을까만
칠십 줄에 바리스타를 넘본 것부터가 욕심이요
부끄러운 일이란 입방아에 오를 수도 있을 것이다

나 비록 센스 없고 무능한 사람이지만
목적을 향한 뜨거운 열정으로 도전하리라
실버 바리스타로 당당하게 서는 그날까지

후유증

날씨가 궂을라치면 삭신이 다 아프다며
비 올라 장독 덮어라
할머니가 왜 그러셨는지 이젠 알 것 같다
어느 날 뜻하지 않은 사고로
건강을 되돌릴 수 없는 상황 속에서
말씀을 답습이라도 하듯 내 그리 살고 있지
바윗돌로 어깨를 짓누른 듯 둔탁한 무게감과
얼기설기 엉킨 실타래처럼 어지러운 머릿속
깊이 잠들지 못해 뒤척이는 밤이 무료하다
숙제는 거르지 않겠다고 다짐했던 나
늦어도 월요일 저녁까지는 올려야 할 숙제지만
무엇에 잡힌 듯한 두 손의 무기력감에
숙제마저 올리지 못했던 걸 누가 알까
교통사고 후유증에 한 숨 지으며
숙제 낸 후유증으로 잠자면서도 웃는다

쌀나방의 최후

사람들의 주식 하얀 쌀에
신분 잊은 채 겁 없이 눈독을 들였다
무공해일수록 살아가기 수월하다기에
여름내 청정 유기농만 찾아다녔다
쌀 포대건 플라스틱 통이건
옹기항아리건 가리지 않고 파고들어 칩거한다

서늘한 가을로 접어들면서
일가 이룬 공로로 해탈을 꿈꿨다
움막집 벗어나 훨훨 자유 만끽하던 날
부푼 꿈 이루기도 전 느닷없이 뎅강
인정머리 없는 손길에 모질게 처형당한다
그녀 역시 삶의 의미를 잃은 듯
마지막 길 떠나는 그를 지켜보며
개숫물 투신으로 모진 생을 마감한다

접싯물에 코를 박아도 죽는다는 옛말을 떠올린다

간이역

곤히 잠든 간이역이 기지개를 편다
도청 이전에 발맞춰 옮긴 도고온천역
뒷방 늙은이로 나앉은 학성역을 일깨운다
오랜 세월 침묵으로 일관하던 간이역이 입을 연다
뒷방신세로 내몰린 옛 역사를 말끔히 단장시켜
옹기장의 발효음식 체험관 턱밑에 두고
장미넝쿨과 세계 꽃 식물원까지 하나로 묶었다

폐 역사를 오갈 레일바이크
침목을 걷어 낸 준공중인 캠핑장
지역 경제를 살리기 위한 직거래장터
명년 봄이면 레일바이크에 올라
따스한 수증기 뚫고 황금들판 가로 지르면
현충사에 아산만 삽교호까지 모두 보일 테지

왕눈이

새벽잠 깨어 눈 비비니 하루가 다가온다
떠오르는 밝은 태양이 다가온다
낮은 담장 너머 앞산이 다가온다
대문 열어 재끼니 신작로가 다가온다
가방 멘 아이들 등굣길이 다가온다
자전거 탄 남학생이 내게로 다가온다
갓난아이 들쳐 업은 앳된 신부가 다가온다
콩나물 사러 마트에 갔던 순이 엄마가 다가온다
졸랑졸랑 순이 엄마 뒤로 강아지가 다가온다
점점 어수선 해진 동네가 다가온다
하루에 두 번 다니는 버스가 다가온다
마을 앞길로 까만 승용차 한 대가 다가온다

온 세상 모든 것들이 내게로 다가온다

바이러스 보균자

쌀쌀한 정초에 날아온 호출로
바람막이만 걸치고 준비 없이 찾아간 웃음 클럽
딱 열 명의 수강생만 이끌고 출발하겠다는
욕심 없는 강사의 신선한 인사말이 마음을 사로잡았다
12주 수강을 마친 1기 수료생을 주축으로
모두가 웃을 수 있는 행복한 세상을 열어가잔다
그로부터 40회를 거듭하니
계절이 바뀌고 내모습도 바뀌고
웃음바이러스가 전염된 듯 맥없이 실실거린다

매월 셋째 주 화요일은 산행하는 날
여름장마를 무색하게 만든 가을비 속
버거운 설악산 등정 팀에 겁 없이 합류하고
세찬 빗줄기에 바지는 물론이고 운동화까지 흠뻑 젖은 채
추위로 오들오들 떨든 몸을 어묵 한사발로 달랜다

다음산행 답사 차 괴산엘 가면서도 하하 호호
숱한 웃음 폭탄 터트리니 승용차가 들썩들썩
꿈틀거리는 해물전과
텁텁한 막걸리 한 사발로 흥겨워

산막이 옛길 오르며 고래고래
웃음으로 행복하다고 고래고래
오가는 길손 들어보라고 고래고래
마을이 떠나가도록 고래고래
웃음바이러스 보균자라고 고래고래
시와 함께하니 살맛난다고 고래고래
윤나영 샘이 명강사라고 고래고래
시창작수업에 동참했다고 고래고래

전철

상큼한 차림새 정겨운 그가 오늘도 나들이 길을 나섰다
오라는 이 없지만 기다리는 이 많다며
아담한 작은 도시를 매일매일 스쳐지나간다
오가다 마주쳐도 반가운 기색은 없지만
대식가란 소문이 파다한 그인
게걸스럽게 먹고 싸대기 바쁜 잡식성 체질이다
육중한 거구를 지탱하기 위한 방편일까
오직 먹는 것만이 취미요 삶의 전부인 듯
오늘도 먹고 싸대느라 여념이 없다

큰 덩치에 원만한 성품을 지닌 그인
역마살이라도 낀 듯 바삐 돌아치지만
약속시간만은 칼같이 지키는 강북멋쟁이다
천성이 바지런한 그인 오늘도
휴일을 반납한 채 강바람을 가른다

거꾸로 자라기

출생부터 남다른 특이체질인 그
나뭇가지에 매달려 밤낮없이 철봉만 하는 그인
우리가 이해할 수 없는 특별한 생명체인가 보다
취미도 유별나서 늘 상 물구나무서기를 즐겨하며
지면의 낮은 자리만을 향해 밤낮으로 키를 늘려가는 고집쟁이다
머리가 벗겨질 지경인 불볕더위나 만물이 잠든 고요한 밤도
자기와는 무관한 듯 오직 연구에만 몰두하는 별난 그이
호기심 반 걱정 반으로 관심을 기울여보지만 눈길도 주지 않는다
끊임없는 연구를 거듭한 결과로 감기는 물론
비염 기관지 천식이나 항암까지 치유한다는 소문이 자자하다
요즘 고도로 발달한 의술이 하늘을 찌른다고 말들 하지만
순수민간요법 치유를 능가할 수야 있겠는가 싶다
신토불이만이 오직 우리의 건강을 지켜줄 것인데

거꾸로 자라든 바로 자라든 우린 이제
맞춤형 주치의로 하늘이 내린 유일한 명의라는
별난 수세미박사의 탁월한 치유법에 동참키로 하자

별난 명의

출생부터 남다른 특이체질인 그가
나뭇가지에 매달려 밤낮없이 철봉만 하고 있다
취미도 유별나서 늘상 물구나무서기를 즐겨하며
지면을 향해 밤낮으로 키를 늘려가는 고집쟁이다
머리 벗겨질 불볕더위나 만물이 잠든 고요한 밤에도
그는 오직 연구에만 몰두하는 별난 사람이다
사람들은 호기심 반 걱정 반으로 관심을 기울여보지만
눈길 한 번 주지 않는다
끊임없는 연구를 거듭한 그가
감기는 물론 비염 천식이나 항암까지 치유한다는 소문 자자하다
요즘 의술이 하늘을 찌른다고 말들 하지만
그의 의술을 능가할 수야 있겠는가 싶다

거꾸로 자라든 바로 자라든 우린 이제 그를 주치의로 받아들이고
수세미박사의 탁월한 치유법에 동참해보자

행위예술가

초록마을 꿈꾸며
이른 봄부터 벽화를 그렸지
계절 따라 몰아치는 비바람 마다않고
국경을 넘나드는 황사먼지를 뒤집어쓰고도 꿋꿋이 견뎠지
때로는 시골집에 찾아가 시원한바다랑 등대를 그려주고
허물어진 담벼락엔 탐색로봇 그려 희망도 심어주었지
자동차 닿지 않는 오지엔 빨간 우체통 그려놓고
그 옆엔 빨간 오토바이로 쌩쌩 달리는 집배원도 그렸지

그동안 계절이 바뀐 줄도 모르고
밤낮 가리지 않고 벽화만 고집했었지
요즘엔 달갑지 않은 입동 방문으로 가슴 꼭 여미고
벽화 그리던 손 시릴라치면 담벼락에 바짝 달라붙기도 하지
때로 색동옷 갈아입는 동료가 부럽다 싶고
왠지 쓸쓸하다 싶으면 물감 풀어 멋내기할 때도 있지
근래 서리란 녀석은 심심치 않게 찾아오고
동장군이 돌아올 날도 머지않았다는 소식이 왔지
금주 토요일엔 스토리문학 10주년 행사가 있고
12월 17일엔 종강여행을 가기로 했지

새들의 행선지

해질 녘
기러기 무리가 하늘에 수를 놓는다
V자를 그리며 끼룩끼룩
노을을 이고 서쪽을 향해 힘찬 날갯짓을 한다
내안에 있는 모든 것 비워내고
멀리 아주 멀리 끊임없는 여행을 떠난다
여섯 일곱 열 아니 열둘
V라인 그리며 줄지어 나르는 창공
끼어든 뭉게구름으로 멋들어진 한 폭의 그림이 탄생했다
창포 우거진 습지엔 참새 떼가 재잘재잘
잰걸음으로 마른 숲 들락거리며 촐싹촐싹 호들갑이다
태공들 낚시 드리운 샛강엔 까만 우산 둘 셋 잠들고
한가로운 찌에 고정된 눈망울이 희미해간다

자동차가 비켜설 수도 없는 1차선 시멘트다리
자전거로 건너던 노부가 잔뜩 긴장한 채 난간에 기대선다
새끼 네 마리 거느린 청둥오리가 여유롭게 노닌다
앞서가던 어미가 연신 물갈퀴 저으며 물속에 머릴 처박는다
물고기 잡는 방법을 가르치려나보다
뒤따르는 새끼들은 그저 갈퀴질만 열심이다

옆으로 뒤로 바삐 오가던 어미가 새끼들의 등을 떠민다
마치 동물의 세계 재방송을 보는 듯하다
한 무리 기러기 떼가 스쳐가며 끼룩끼룩 신호음을 보낸다
무슨 신호인지 끼룩끼룩 알 수 없는 소리의 연속이다
습관적으로 올려보며 숫자를 헤아린다
곡예라도 하듯 멋진 비행을 하는 수가 무려 열일곱이나 된다
그들은 어디를 향해 가고 있는 것일까

당산나무

– 서낭당

마을 밖 오리길 노루목 고개에
돌담 집 짓고 외롭게 살고 있는 나
빨강 미니스커트에 하얀 속옷 걸치고
노랑 저고리 즐겨 입던 어쩔 수 없는 촌년
개나리 방끗 웃는 봄이면 오가는 행인 눈길 끌며 지내고
여름이면 뒷동산에 흐드러지게 핀 아카시아 꽃향기를 즐기지
선선한 가을엔 햇곡 이고 진 아낙들 쉬어갈 뜰 내주고
언덕배기 오르며 가쁜 숨 몰아쉬던 누렁이 단골 쉼터로
가득 싫은 무게로 덜커덩거리는 마차도 머물도록 배려했지

장날이면 호롱불 켜들고 마중 나온 어린 형제
무섭다면서 목 움츠리고 손 꼭 잡고 스쳐간다네
때로는 거나한 주태백이가 주저앉아 꾸벅거리다가
갈지자걸음으로 집에 돌아가는 날이 바로 장날이라네
지금은 도로확장공사로 집터가 사라진지 오래지만
난 오래전 그곳을 터전으로 삼고 긴 세월 살아왔다네

기둥 하나로 지은 집

가을걷이로 한창 바쁘던 날
뭉텅 잘린 가로수 길을 지난다

장발 때문이었는지 싹둑싹둑 가지치기를 당했지
영문 모른 채 당하고 나니 분한 마음이 들었지
에라 거친 세상 거꾸로 살아보자 싶었지
도로변에 대가리 쳐 박고 하늘 향해 발을 뻗쳤지
계절 없이 드나드는 난봉꾼은 벗으로 두었지
밤낮없이 울려대는 경적은 멜로디로 삼았지
북풍한설엔 헐벗고 굶주린 채 웅크리고 견뎠지
봄이 오니 산뜻한 녹색으로 단장을 했지
꽃소식 전해준 까치선생껜 선뜻 셋방을 내주었지
그들은 벌써 눈이 맞아 신방을 차렸다지
머지않아 식구도 늘어가겠지
그때엔 이층 올려 주마고 인심 한 번 크게 써야지

마늘도둑

한 해에 많게는
1,000여 접씩 캐야했던 마늘농사
행여 비에 젖을까
서둘러 백 개씩 세어 짚으로 묶는다
마늘 값이 곤두박질 칠 때면 장사꾼의 발길 뚝 끊어지고
엮은 마늘은 차근차근 대못에 매달린다
흙벽에 걸린 채 혹독한 겨울을 철봉만 즐기다가
더러는 썩고 마르고 속빈 껍데기로 봄을 만난다
점점 지저분하게 처지고 모양새 일그러진 마늘을 가리키며
두서없이 마늘 떼어다 먹는다고 날 꾸짖는 울 엄니
억울했지만 내가 마늘 까는 당번이니 무어라 변명할 여지없지
그렇게 며칠 지나서 생채 무친다고 또 마늘을 챙겨 오란다
시무룩해서 사랑채 담벼락으로 다가서려니
앗, 토끼가 말짱 틈새로 다리를 쭉 뻗고
마늘을 까먹고 있다
너, 이 녀석 잘 걸렸다
증거를 잡았으니 이때다 싶어 안채를 향해 톤을 높인다
엄마 엄 마 아 빨리빨리
무슨 큰일이라도 난 게야 웬 소란이야
엄마 마늘 도둑을 잡았다구

지금 막 토끼가 마늘 까먹는 현장을 목격했거든
무슨 토끼가 마늘을 먹는다구 헛소리야
진짠데 엄마는 그것도 모르면서
마늘도 딸 줄 모른다고 날 혼냈잖아
뾰로통한 열한 살 소녀
무슨 장한 일이라도 해낸 듯 신이 나서
정자그늘로 내뛴다

가방

단정하게 매무새 다듬은 그녀와
롯데마트에서 처음 만나던 그 날
A4용지가 들어가 좋다며 싱글벙글
마음에 쏙 들었는지 흡족해 하는 눈치다
수강 날 함께할 짝꿍이 되어달라며
귓속말 하곤 다정한 손길로 나를 반긴다

그녀는 늘 내가 필요한 것들 알뜰살뜰 챙겨준다
가끔은 옆 주머니에 용돈까지 찔러준다
매주 수요일이면 소중한 듯 날 끌어안고 차에 오른다
버스에서 전철로 바꿔 타는 화랑대역
봉화산을 출발한 6호선이라서 빈자리가 많다
나는 아직 새파랗게 젊은 사람
그녀와 함께 경로석 아닌 일반석을 택한다

나는 끼니때가 아니라도 자꾸만 주워 먹는 습관을 지녔다
어떤 때는 배가 남산만하게 먹어댔다가 모두 토해낸 적이 있다
그래도 늘 알뜰살뜰히 챙겨주는 그녀와 함께 가는 나들이 길이
너무 즐거워 겅중겅중 뛰며 따라간다

- 2부 -

비에 젖은 꽃길

꿈

자유자재로 내 집을 드나드는 그
깊은 밤에도 종종 노크 없이 찾아온다
도대체 뉘 집 자손이기에
그리 버릇없이 내 집을 기웃거린단 말이냐
걸핏하면 날 잡아끌고 문밖으로 나서고
말 갈대 소 갈대 가리지 않고 날 잡아끄나
산으로 들로 또는 냇가로 제 맘대로 이끈다
시공을 초월해서 고기도 잡고 열매도 따고
친구 만나고 친척 만나고 동료도 만나고
오늘밤엔 또 누구와 만날 수 있을까?

웃음이 좋아

명석하단 두뇌가 노망이라도 난걸까
그가 가짜 웃음 진짜 웃음을 구분할 줄 모른다
억지웃음일지라도 진짜웃음인줄로 안다
가짜웃음일지라도 정신건강엔 큰 도움을 준다지
이제부터 내가 할 일은 이웃을 웃기는데 주력할 일 같아
생존 경쟁 속에서 고생으로 늙어가는 노인들을 품어드리자
가짜 웃음일망정 건강에 좋다는 웃음기법으로
그분들을 맘껏 웃을 수 있도록 게임을 시도해가자
웃음하고 놀다보면 주변에선 미쳤다 하겠지만
즐거울 일도 없는데 그저 맥없이 웃는다면
혹여 그 모습을 보다간 정신병원에 보내자고 할지도 모르지
다만 젊어서는 생각지 못했던 인생문제들을
웃음치료 공부 할 때의 느낌대로 실천 하려는 거지

이 글을 대하시는 모든 분들이
이 글을 통해 건강증진에 도움이 되었으면 좋을 성 싶다
그래서 모두 행복하게 웃으며 살았으면 좋겠다
지금까지 배운 것 중에 글쓰기와 웃음치료를 배운 것이 제일 큰 보람이다
우리 모두모두 웃으면서 건강하게 살아가자

엄니의 꽃상여

상여꾼이 두 팀이었죠
여덟 명이 한 조로 구성되었죠
요령잡이의 구성진 가락에 발을 맞춰갔죠
노년에 몸 담아계시던 집을 떠날 때 노잣돈 봉투를 불렀죠
봉투 두 개로는 적어서 발이 안 떨어진다며 좌우로 흔들어대죠
봉투 세 개 안주면 억울해서 못 간다며 너스레로 제자리 걸음만하죠
봉투 세 개를 받고서야 애꿎은 요령잡이가 왼발을 선창했죠
구령에 맞추어 핫 둘 핫 둘 상여꾼들이 바쁜척하죠
요령잡이 순흥이의 장난기가 또 발동하죠
누군가가 높이 떠도는 구름 따드리게 어서 가자 했죠
개구쟁이 상여꾼들 십여 미터 가다간 또 멈춰 서죠
눈 지그시 감고 갖은 사설 늘어놓죠
빤히 알면서 없는 큰사위 나오라며 능글거리죠
화창한 오월을 즐겁게 가자했죠
마을 상조회 청년들 슬슬 합세해 거들죠
흐드러진 아카시아 꽃길 기쁘게 가자했죠
구령에 따르던 상여꾼들 한 수 더 뜨죠
봉분 마지막 뗏장에 큰누나 봉투 놓으라했죠
아니면 절대로 집에 못 간다고 보챘죠

가족이 준비한 30개의 봉투로 그들의 말에 응해주었죠
주인공은 만인의 어머님이시던 예진아씨였죠
화창한 봄날 그 어머님이 그렇게 꽃길을 떠나셨죠

갈등

귀 막고 삼 년 눈멀어 삼 년 벙어리 삼 년이란
녹록치 않은 시집살이를 통틀어 고부갈등이라 한단다
법 없이도 살 수 있다는 성품 고운 할머님 덕택에 나는
고부갈등이란 단어조차 생소한 채 어린 시절을 보냈다
그저 어깨너머로 주워들은 이야기라면 꼿꼿한 73세이신
증조할머님의 시집살이를 모질게 겪었다는 엄니 이야기다
종가 종부로 온종일 동동거리다가 저녁상 물리고 나면
야속할 지경으로 잠이 쏟아져 꾸벅거리지만 언감생심
잠자리에 들 수 없는 층층시하 시집살이로 고달팠단다
더러는 아무개 엄마가 보따리를 쌌다는 이야길 전해 듣지만
고부갈등 모르는 우리 집하고는 무관한 이야기다
다만 6,25동란에 홀로된 시누이가 아들과 함께 친정에 와 살던
그때가 제일 힘든 시집살이였다고 눈물 훔치던 울엄니다

4월 십육일, 야외수업 차 전쟁기념관을 관람한다
가슴이 내려앉은 듯한, 무게감에 짓눌린 침울한 정오
교수님의 배려로 햇빛가린 등나무그늘에 돗자리를 폈다
이십 여 명이 둘러앉아 과제물을 펼치긴 했지만 시선고정
쑥 개떡과 쑥 송편에 각종과일 곁들인 식욕 당기는 곳에 꽂혔다

교수님은 기둥 타오른 등나무를 가리키며 갈등의 의미를 물었다
하나같이 시계방향으로 배배꼬인 등나무와 그와 정반대로 꼬인
칡넝쿨에 대한 갈등의 의미를 확실하게 짚어주신 야외학습이
었다
그간 등꽃이나 칡꽃을 바라보면서 곱고 예쁘다고만 여겼을 뿐
별 생각 없이 사물을 바라본 것 같아 부끄러운 마음이다

먹고 먹히고

시강 수업은 시간을 잡아먹고
순대국밥으론 허기진 속을 채우고
우연히 머리 맞댄 커피숍에선 의견 모으고
두 대에 편승한 일행은 내비 안내 따르고
강변 풍경에 빠진 이웃은 셔터를 눌러대고
핸드폰은 자유롭게 떠가던 구름 한 점 베어 물고
바람 가르던 냉동차는 은행잎들 잡아채고
노을은 63빌딩 남산타워 싸잡아 삼키고

굳게 잠긴 노래방문 열리더니 일행을 삼키고
구석자리 선풍기는 전선 당겨 화면을 잘라먹고
걸신들린 뾸 컵은 꿀꺽꿀꺽 맥주를 마셔대고
두 개의 마이크는 이따금씩 노래를 끊어먹고
점점 무르익어가는 분위기는 밤으로 달리고

공양하러 가는 길

24시 한증막을 나와 산사로 향한 새벽
핸들 잡지 않은 자유로움에 눈감고 등받이에 기댔다
간간이 질주하는 자동차 불빛마저 없다면 적막할 것 같다
20여 분 만에 도착한 차가 부용산자락을 오르다가 서는 듯하더니
나무아미타불 관세음보살이란 말 따라 스르르 뒷걸음질 친다
활짝 열어놓은 차창 밖으로 확연히 보이는 새끼 고라니 한 마리
자동차 소리에 크게 놀란 듯 동그란 눈망울로 머뭇거린다
밝은 불빛에 앞을 분간하지 못하는가 싶어
시동 끄고 라이트를 꺼주니 주춤거리다 가시덤불 숲으로 간다
하마터면 어린것을 칠 뻔했다는 생각에 가슴이 콩닥거린다
가끔 시골길에서 들고양이의 참변을 목격할 때도 있다
그런 날은 온종일 찝찝한 마음에 핸들 잡기가 싫다
얼마 전 자전거전용도로에서 만났던 어린 고라니
냉이 캐던 밭자락에 검정콩으로 흔적을 남겼다
나처럼 가끔 산사에 들러 공양을 드리고 싶었을 테지
사방에 매인 으르렁쟁이 등살에
겁먹은 눈 껌뻑이며 절 주변을 맴돈다

옹고집

바꾸려 해도 바뀌지 않는
고집쟁이의 무서운 집념이다
꽃은 화려한 변신을 위해 꺾이기도 하지만
날 점거한 그는 변함없이 동거만을 고집 한다
꺾으려 할수록 고개든 그
그가 세력 확장으로 자리매김했다

언제부터일까
그와 흡사한 이웃이 도반을 흔든다
7시 수업이 6시 30분으로 바꿨다
불과 몇 주지나 2시로 바꾸자 더니
5시로 바뀌고 또 한 주 지나더니 2시 수강이란다
소수의 장단에 놀아나는 것 같아
걷잡을 수 없는 변덕에 도리질이 절로난다
작은 미꾸리 한 마리가 온 샘물을 분탕질 치는
주관성 없는 시간변동에 수강을 접기로 마음 굳혔다
변경된 오후 수업을 세 시간 앞둔 오전 11시
총무의 전화에 이어 송구하다는 강사님의 전화다
7시든 5시든 처음으로 돌아간다기에
불편한 마음 접고 5시 수강에 동참키로 했다

종강 앞둔 시기이기에
한 발 물러서기로 마음 굳히고

왕가네집

어둑어둑 땅거미 내려앉을 무렵
대추나무 기둥삼은 왕가네 집에 난리가 났다
비행연습 마치고 하루를 눠일 곳 찾던 잠자리가
철통같은 왕가네 집 덫에 걸려들었다
애걸복걸 살려 달라고 두 손 싹싹 비벼보지만
집 모퉁이에 잠복한 음흉한 왕가 죽은 듯 잠잠하다
뒤늦게 초가지붕 맴돌며 게으름 떨던 쓰르라미도
얼기설기 쳐놓은 왕가네 그물에 걸려들었다
힘겨운 날개 짓에도 탈출할 기미 보이지 않고
점점 옥죄여드는 공포로 긴 밤 지새운다
또 한 쪽 귀퉁이엔 잠자리 노리던 사마귀가
긴 날개 퍼득이며 몸부림 중이다
똥파리 노리던 왕눈이 청개구리도 끈끈이가 무색하게
다리 한 짝 그물에 걸친 채 거꾸로 매달려있다

에궁, 왕족들 줄줄이 왕가네 그물에 걸려든 걸 보면
이들은 전생에 원수 집안이었던 게야
왕 잠자리면 어쩌고 왕눈이면 뭣하나
제아무리 튀어나온 눈동자 굴려봤자
왕가 앞엔 오금 못 펴는 졸개들에 불과한 걸

비에 젖은 꽃길

삼월 초하루
연분홍드레스 갈아입힐 날 아직 인데
아침부터 부슬부슬 비가 내린다
빗소리가 제일 좋다던 후배가 생각난다
비가내리면 왠지 서글프다던 문우도 기억난다
거센 비바람이 분홍드레스를 가닥가닥 흩어 길에 깔았다
갑작스런 날씨변화에 당황한 꽃다운 그녀
졸지에 옷 갈아입히던 알몸의 마네킹을 닮았다
그녀에게 갈아입힐 옷 꿰매느라 펼쳐놓은 옷감들
옆으로 흩뿌리는 봄비에 젖어 연녹색이 더욱 선명하다
화도IC에서 서종IC를 향해 출발했건만
무심코 달린 것이 터널을 몇 개인가 지나친 듯하다
설악IC라는 내비게이션의 목소리가 또렷하게 들린다
고운 꽃길 내다보느라 잠시 넋을 잃었던 게다
화들짝 놀란 우린 순간적으로 눈길이 마주쳤다
서로를 바라보다 어이없어 웃는 정애 선생님과 난
가뭄해갈로 반가웠을 봄비에 잠시 취했었던가 싶다

드레스잔해로 설악까지 수놓은
장난기 많은 빗님에게 푹 빠져 헤매던 꽃길에서

민들레 사랑

그녀를 만나러 러시아로 간다
하룻밤 뱃길을 꼬박 뜬눈으로 지새운다
길손이 별로 없는 블라디보스톡 역에 도착했다
크루즈만한 잠수함이 얕잡아보듯
짝달막한 이방인인 나를 똥폼잡고 째려본다
노란 원피스 그녀가 목 길게 뽑고 성당 뜰에서 내다본다
맥없이 다리만 긴 러시아 아가씨들
짜리몽땅한 노란 천으로 거시기만 살짝 가렸다
경쾌한 음악 따라 캉캉 춤을 추기 시작한다
노란옷깃 제치고 긴 다리로 연신 발차기를 한다
섹시한 러시아 풍 춤이 남정네들 가슴을 뒤흔들어 놓는다
특이한 그녀들만의 춤사위로 정신 홀딱 빼앗고는 쌩끗
간단한 눈인사로 헤어지자고 한다

삿뽀로 공연이 있다기에 서둘러 떠났더니
발 빠른 그녀 한 발 앞서와 날 반긴다
꽉 움켜잡은 발목 놓아주지 않고는
아오모리 거쳐 니가타 까지 겁 없이 따라 나선다
마지막 행선지 카나자와까지 서슴없이 앞장서는 용감한 그녀

처마 밑에 제비 품어 안고 정원에 눌러앉아 여유를 부린다
7박8일 간의 긴 여정을 마치고 집에 돌아오니
어느새 문 앞에 와있는 센스쟁이 그녀

홍시

피부 곱고 미모가 뛰어난 너
베타카로틴을 가장 많이 지니고 사는 너
암 유발시키는 활성산소를 예방해주던 너
떫디떫은 탄닌 성분으로 모세혈관을 튼튼케 해주던 너
항산화물질 지니고 동맥경화와 고혈압에 도움 주던 너
새파란 청춘에서 볼 붉히던 호시절로 접어든 너
나이 들어가도 어느 것 한 가지 버릴 게 없다는 너
네 마음에 핀 꽃은 열을 내리게 하고 기관지염까지 다독여주던 너
각혈이나 딸꾹질 숙취까지도 알뜰히 보살펴 주던 다정한 너
따뜻한 차로 언 몸 녹여주고 피부까지 챙겨주던 너
한방에도 조예가 깊은 훌륭한 너

고대 풍경을 고대로 담다

모싯잎 떡으로 허기 메우고
열강에 푹 빠졌던 수요일 오후
돌솥밥으로 부른 배를 안고 고대풍경 담으려 고대로 간다
모두의 마음을 하나로 모은 삼십 여명 수강생이 교정을 거닌다
삼삼오오 짝을 지어 백목련 배경삼아
각양각색의 포즈와 의상을 카메라에 담느라 바쁘다
웅장한 본교건물을 등지고 역광도 나 몰라라 또 한 컷 셔터가 터진다
듬성듬성 틈새 공략한 자목련도 한 몫을 한다
멋스런 모델도 많지만 봉사정신 투철한 카메라맨도 여럿이다
짓궂은 어린 시절 더듬으며 잔디밭을 맘껏 뒹굴어 본다
팔학년 일반 엉아도 마냥 즐거운 듯 여러 바퀴를 돌고 또 돈다
정열적인 빨간 코트가 유난히 돋보이던 화사한 봄날
묵직한 가방들 바위에 올려지고 해묵은 잔디 위에 둘러 앉아
조개껍질 묶어 그녀의 목에 걸고 수건돌리기를 한다

그간 병마와 싸우느라 함께 할 수 없었던 난
오늘 스스럼없이 문우들과 어울렸다
향학열 불타는 고대 모습을 고대로 카메라에 담은 날이다

달갑잖은 경계경보

2013년 12월 28일 오후 3시

동파방지를 알린다는 소방방재청의 한파경보발령이 있었다

14년 8년 1일 오전 열시 반엔 야외활동을 자제하라는 폭염경보도 발령했다

8월 21일 구리 남양주 하남 등 호우경보로 상습침수지역 대피경보다

12월 16일엔 화천과 철원 가평 또 남양주에 한파경보란다

동파방지 화재예방은 물론이고 외출을 자제하라는 국민안전처의 파발이다

12월 21일 3시엔 가평 포천 연천지역 등 한파경보로 외출자제

동파 방지하라는 국민안전처의 경계경보가 울렸다

이렇게 가끔 울리던 경계경보가 요즘 빈번하게 사람을 놀래킨다

버스 안에서 갑자기 왕하고 울리는 벨소리에 놀라 힐끔 주변을 돌아본다

6월 6일엔 이름도 생소한 메르스가 발생했단다

외출 후 손 깨끗이 씻고 감기 조심하라는 국민안전처의 경보발령이다

7월 15일 폭염주의보 발령으로 야외활동 자제 노약자살피기

가축이나 작물 등 어장관리를 알리는 경계 음이다
30일 오후 1시엔 농사 및 야외활동자제 노약자돌보기
충분한 물마시기 안전사고 유의하란 폭염주의보 발령이다
이처럼 뜸하던 경보란 놈 근래엔 자주 등장한다
8월 5일 폭염주의보에서 6일엔 폭염특보로 발전한다
7일 폭염특보 지속이란 재난경보가 또 울린다
8일 폭염특보를 알리더니 경기북부지역 폭염특보 지속이라고 왕왕거린다
강한 비로 계곡 물놀이객 안전대피엔 119를 이용하란 안내를 한다
폭염 속 입추에 경보 +경보를 거듭거듭 외친다
입추란 절기도 모르는 무지한 폭염놈 아닌가
요즘 아무래도 지구까지 미쳐 돌아가는 건 아닐까
그렇지 않고서야 이리 생난리를 부릴 리 있을까

메일 홍수

출생일이 칠월 칠석 하루 전인 막내숙모님
그 분이 사월초파일 불교 봉축행사를 하루 앞둔 날
육신을 내려놓고 영혼의세계로 훨훨 여행을 떠났다
대종가 일곱 남매 중 막내며느리로 들어온 그분은
의술이 미비하던 20대부터 육십 년간을 병마와 싸웠다
뽕나무와 대나무 기름찜질 등 별별스런 치료방법으로
고통스러운 젊음을 보냈고 과다한 약물복용으로 신음했다
몸이 굳어가는 불편함에 머리까지 감겨야하는 상황인지라
어렵사리 선택한 가사도우미도 2~3개월을 버텨내지 못했다
그때만 해도 이름이 생소했던 류마티스 관절염이란 놈은
귀하게 얻은 두 아들의 후사를 이을 수 없게 만든 흉악범이다
기독교 권사로 신앙을 키웠지만 육신은 늘 고통스런 삶으로
오랜 세월 병상을 지켜오던 그가 육신을 온전히 뉘이던 날
이젠 우리 엄마 안 아파라며 품에 안기던 4촌 여동생이 안쓰럽다
진작 가묘를 준비했지만 봉분 없애고 기독교식 장례식으로
보는 이마저 안타깝게 했던 그 분을 고향 선산 유택에 모셨다
유골 모신 작은 공간 위에 권사 안병옥이란 묘비를 올린다
장례 모시고 3일 만에 돌아와 컴을 여니 268개 메일이 뜬다

때로는 유익한 정보를 공유할 수 있다 싶어 고맙기도 하지만
심각한 공해로 여겨질 지나친 메일전달은 삼가줬으면 좋겠다

송충이잡기 동원

잠실에 갔다가 버들강아지가 송충이인 줄 알고
크게 놀랐다

윙윙 천마산이 운다
예서제서 톱날이 운다
재선충 방지라는 캐치프레이즈에 해묵은 소나무들이 따라 운다
아침 일찍부터 우는 소리가 마을을 뒤 흔든다
억수로 큰 소나무들이 벌렁벌렁 나자빠진다
머리를 산발한 수호신이 바지를 벗기 시작한다
탈의한 산자락은 마치 불탄 산처럼 허허롭다

순간 단체로 송충이 잡으러 산으로 가던 생각이 떠오른다
내를 건너니 산자락이 다가온다
나뭇가지 꺾어 잡은 것들을 용기에 모은다
용기라고 해야 고작 깨진 사기그릇이 전부다
고것이 등짝에 달라붙었다간 목덜미로 기어오른다
산이 떠나가라고 고함을 지르는 지지배들 바라보며
머슴아들 신이 나서 킥킥 박수를 쳐댄다

왕 소나무가 하나 둘
덤프트럭에 실려 어디론가 끌려간다
흉측한 몰골로 꿈틀꿈틀 초년시절을 완벽히 재현한다
잠실벌로 몰려와 재선충 박멸하자고 시위한다

생소한 이름

세찬 물줄기가 귀를 때린다
면봉으로 후볐지만 별 효과가 없었다
이틀이 지나면서 벌레가 기는 느낌이 들기 시작했다
3~4일이 지나고 부터는 잠을 편히 잘 수가 없다
간간히 들리던 바람소리
윙윙 벌이 날기도 하고 요란한 기계소리도 들린다
잠자리에 누웠지만 엎치락뒤치락
머리를 짓누르는 고통으로 뒤척일 뿐 통 잠을 못 이룬다

우글우글 꿈길 헤맬 때
난데없는 구역질이 아침을 연다
일어나려니 책장이 돌고 천정이 돈다
천근만근 늘어진 몸을 가눌 수 없어 털퍼덕 주저앉았다
방바닥을 짚은 채 한참동안 씨름을 한다
겨우겨우 세면장에 갔지만 토할 것 같은 순간 멈추고 만다
꼭 임산부 시절 겪었던 느낌 그대로이다
지인들이 이비인후과엘 가든가 큰 병원엘 가든가 해 보란다
선택한 이비인후과의 병명은 달팽이관 속
작은 볼 하나가 달팽이관을 이탈했다는 결론이 나왔다

주사를 맞고 약을 복용하지만 아직
해산어미 닮은 얼굴은 좀처럼 가라안지를 않는다
친정에 온 딸내미 가족 점심 한 끼 챙겨주기도 힘들어
먼 길 돌려보낸 마음 두고두고 편치 않다

웃음을 만나 행복해진 나

사고로 몸을 추스르기조차 어려웠던 때
계세요 란 말과 함께 문을 밀고 들어선 해맑은 그녀
예기치 못했던 방문에 웬일일까 싶었다
늘 웃음 흘리던 그가 몹시 피곤해서 힐링센터엘 왔다고 한다
그간 운영회장 주민자치위원장 장학회 부회장 등
무척이나 바쁜 그가 건강관리샾 앞에 개설했다는 사무실로 안내 했다
미대출신 두 따님의 손길로 오밀조밀 꾸며진 밝은 공간이다
작은 꿈을 실천하기 위해 단 열 명만
1기생 웃음치료사로 배출하겠다는 순수하고 소박한 그녀
그의 마력에 빠져 웃음바이러스 보균자가 되어버린 나
20개월 배우고 익힌 초보자실력이지만
장애아동들과 함께하는 보람된 날 실실 웃음이 헤프다
무거운 짐 내려놓자고 아래 하로, 하하하
가득한 욕심 비워낼 빌 허로, 허허허
기쁨을 나누자는 의미로 기쁠 희로, 희희희
웃음으로 이웃과 소통하니 좋아할 호로, 호호호
모든 애로를 풀어가는 뜻에서 풀 해로, 해해해 를 반복하며
웃음으로 소통하는 즐거운 목요수강 날
어쩌다 휴강 때면 웃음이 많이 고픈 웃음바이러스보균자다

웃음클럽에 동참한 것만으로 건강하고 행복한 나로 산다

그녀가 요즘 명강사 양성과정교수로 한성대 강단에 섰다
목이 터지도록 박근혜 대통령 유세를 외치고 다니던 윤나영 회장
그의 진면목을 알아보는 혜안이 가까이에 있었나 보다

어쩔 수 없는 소갈머리

양수리 지하 목욕탕
일반 복장으로 들어선 앳된 모습
굵은 털실로 짠 모자를 깊숙이 눌러쓴 여인
그녀를 처음 만났을 땐 영락없이 승녀인줄 알았다
벌거숭이로 탕 안에 들어서고 나서야
몹쓸 아픔을 이겨낸 장한 여인임을 알았다
여인으로서 제일 감추고 싶은 곳이고
엄마로서 제일 귀히 여기며 보호하고 싶다
병마에 시달릴 때 그저 죽고만 싶었다던 그 여인
달갑지 않은 병마에게 그의 여자를 빼앗긴
지금은 매사 긍정적인 사고로 오늘을 살아낸단다
반짝거리고 매끈한 머리 모자 속에 숨기고 지낸 겨울
새싹 돋듯 삐죽삐죽 올라오는 머리카락이 신기하단다
매일 만지작만지작 파마할 날만 손꼽아 기다린다
자주색 내 모자 풀어 그녀의 머리에 맞춰 짜고
시내에 들렸다가 모자 한 개 사서 그녀의 머리에 씌워준다

파마로 소갈머리 별명 벗어던진 그녀를 축하한다
가녀리고 휑한 그녀의 목에
준비해온 실크 머플러를 걸어준다

화투에 빠진 여인

태양을 품어 안은 물 맑은 사우나
한 주일에 두 세 번가는 지하1층
오늘도 늘씬한 주인공 등만 보인다
입맛 다실 단골손길 기다리며
갖가지 음료수로 배불린 냉장고가
자리지킴이로 출입문 옆에 꿋꿋이 서있다
없는 것 빼고 있을 건 다 있다는 판매대에는
올록볼록 꽃무늬로 화려한 속옷이 다양하다
그 앞에 쭈그려 앉아 그림 맞추기에 여념 없는 여인
고개는 그림에 처박고 질문엔 뒤통수로 응답 한다
책 선물 달갑지 않아하던 소갈딱지 없는 그녀지만
알토란같은 스토리 진액을 수혈해주고 싶다
야금야금 시간 잘라먹고 젊음까지 갉아 먹는 그녀
매장 책임자로 얼굴 마주하던 그는 붙박이 인생이다
깊은 시심 해독제삼아 중독성에 갇힌 애처로운 그를
창살 없는 감옥에서 구출해 주고 싶은 충동이 인다

고속도로변에 집 짓고

차광 망 없는 도로변에 높은 집짓고
삭막한 바람 앞에 오들오들 떨며 겨울을 난다
눈밭 걷어낸 봄날 초록 옷 기워 입고 한껏 뽐내면서
정신없이 오가는 차량만 헤아린다
난 남쪽으로 고개 틀고 그는 북쪽으로 고개 틀고
밤낮없이 같은 일만 거듭 한다
어쩌다 울리는 카 크레인의 경적에 놀라 돌아보면
이미 뒤틀리고 일그러진 채 엉겨 붙은 모습이 꼴불견이다
한 가지도 빠트리지 않고 입력해 놓았건만 그걸 아는지 모르는지
호출 받고 달려온 보험사 직원들 찰칵찰칵 셔터만 눌러댄다
물으면 답해줄까 기다렸지만 거들떠보지 않고
우왕좌왕 서로 잘했다고 언성만 높아간다

돌풍이 핥고 간 나른한 오후
왕래하는 길손 줄어들고 집들이 단체로 하품할 쯤엔
촬영 접고 녹색 옷 걸친 채 하루를 뉘인다

작은 도시의 또 다른 변화

라일락 향기 폴폴 날리던 대로변
주공아파트 담장 밖이 땅파기로 소란하다
쾌적한 도심 만들기 프로젝트란다
굴삭기에 뽑혀 올라온 침엽수들이 맥없이 쓰러진다
나무와 나무사이에 깊은 홈이 파인다
2인 1조가 되어 넓이와 깊이를 조절하는 삽질로 바쁘다
가뭄과 삼복더위를 벅찬 노동의 땀방울로 달군다
7년간 몸담았던 주공단지 담밖에 물길을 튼다

장마와 여름이 물러간 가을 초입
단지와 단지사이 그저 도로에 불과했던 공간에 물이 흐른다
발 담그고 싶은 충동에 잠시 물가를 서성인다
부들과 붓꽃이 어우러진 수초사이엔 돌다리가 놓여있다
맨발로 첨벙첨벙 술래잡기 놀이에 빠진 아이들
함박웃음 귀에 걸고 시원한 물길을 즐긴다
육교 철 계단에 아무렇게나 구겨 앉아 기다리던 엄마,
큰소리로 아이들을 불러보지만 응답이 없다
새로운 물놀이에 흠뻑 취한 아이들이
더없이 행복할 것 같은 등 따신 주말 오후다

- 3부 -
나물 뜯고 가재 잡고

능소화

마른장마 뒤 반가운 소나기 멈춘 비개인 아침
김삿갓의 고장 영월로 스토리특강 문학기행을 떠난다
중부 고속도로 접수한 주홍빛 고운 능소화 아씨들이
주춤거리는 길손의 답답한 눈길을 잡는다
첫 시화전 참석에 마음 들뜬 새내기 문학도들
호기심과 기대감으로 싱글벙글 마냥 즐겁단다
핸들 잡은 교수님의 하모니카 독주에 가슴 설레니
화답의 동요가 방방 뜨는 경쾌한 나들이 길
배시시 웃어주는 능소아씨들의 친절에 감사하며
밀리고 밀리는 고속도로를 한마음 되어 달린다

가랑비 내리는 연 밭 시화전에서
찰칵찰칵 연신 눌러대는 불티나는 셔터소리
한 학기 수강 후 첫 시화전을 경험하는 주천강가
감명 받은 그들의 가슴이 얼마나 콩닥 거릴까,

할미꽃동산

굽은 길 돌고 돌아 오른 부용산
언덕배기에 자리 잡은 쓸쓸한 묘지 한기
한동안 외출이 뜸했던 할머니가
숱한 동료들 데리고 봄나들이 나왔다
송글송글 보드라운 털 스웨터 살짝 걸치고
고개 숙인 채 다소곳이 앉아있다
자색치마 노랑저고리로 꽃단장 하고
방문객도 몰라라 지면만 응시 한다
먼 나라 여행길로 고향이 그리웠던 듯
황토 짙은 산자락에 자리를 잡은 모양이다

산딸기

새벽 5시 유리창이 환히 밝아온다
천마산 자락이 날 부른다
긴소매 점퍼에 면장갑으로 중무장하고 시동을 건다
두꺼운 바지에 장화 챙겨 신고 등산용 지팡이 움켜잡고 저벅저벅
뱀이라도 나올법한 험한 풀숲을 거침없이 헤쳐 간다
얼크러진 칡덩굴이 다리를 잡고 시비를 건다
늘어진 나뭇가지가 거침없이 모자를 벗기고 팔을 낚아챈다
힘겹게 빨간 열매가 손짓하는 산딸기 나뭇가지를 휘어잡았다
얼기설기 얽힌 칡덩굴이 출렁거리면
억센 가시들이 손등을 긋고 따끔따끔 침을 놓는다
꽃 속에 숨어 꿀 따던 벌들이 영역 침범했다고 머리를 맴돌며 겁준다
넓죽한 칙 잎이 파닥이면 개망초 뿌연 꽃가루 날아 눈을 가린다
농익은 열매들은 작은 떨림에도 툭툭 쏟아져 덤불속으로 숨는다
놓친 고기가 더 크다고 했던가
넝쿨을 당길라치면 더 많은 열매들이 줄줄이 다이빙을 한다
자기들이 무슨 삼천궁녀인 줄로 착각하는 모양이다
어느 정도 채워진 비닐봉지가 축 늘어지니 꺾어진 가지가 봉지를 쭉 찢는다

무게에 못 이겨 터진 알갱이가 아까운 진액을 토해낸다

사나운 가시들이 할퀴고 생채기를 내지만
그 정도 생채기로 산딸기 효소 담겠다는 목적을 접을 순 없지
굵은 땀방울은 목을 타 내리고
모기들이 연신 깨물어대지만 그 정도론 어림없지
독가시에 찔린 곳이 두드러기로 바뀌지만 그래도 포기할 순 없지
다리 휘감은 칡넝쿨 낫으로 끊으며 오직 전진만 있을 뿐이지
다리 힘 풀려 천근만근에 땀범벅인 온몸이 지칠 때까지
준비해온 플라스틱 통을 채울 때까지

봄나물

설한풍 몰아낸 청 보리밭
시린 손 호호 불며 냉이캐던 땅꼬마들
갑작스런 밭주인 불호령에 발바닥에 불붙었다
경사진 밭둑에 납작 엎드려 고물고물한 쑥을 뜯던 난
치마폭 잡아채는 꽃샘추위 피하느라 허리를 더욱 구부린다
짧은 봄볕이 서산을 넘으려하니 할머니가 언년일 부르고
마지못해 일어선 언년이 꼬불꼬불한 논둑길을 바삐 걷는다
이른 봄 탓인지 옆구리에 낀 댕댕이바구니가 가뿐하다
쑥 한줌 담겨있을 뿐인 바구니를 받아든 할머니
이렇게 캐가지고서야 밥값이 되겠느냐며 씨익
그래도 저녁 밥상에 오른 향긋한 쑥국은 인기가 좋았다
집에서 짠 들기름 친 향긋한 달래간장 비빔밥에
입맛 돋우는 된장쑥국이면 그 이상 무엇을 더 바랄까

하우스재배로 계절에 구애받지 않는 요즘에 비하면
푸성귀가 귀하던 겨울나기였기에 별난 맛이었겠지

삘기

아직은 손이 시린 이른 봄
산자락으로 내닫는 깡통치마 단발머리들
허리 바짝 구부리고 앞 다투어 풀밭을 뒤진다
짧은 키에 고개 들고 세상 구경하려다
단발머리 손에 잡혀버린 가엾은 생명이다
잠시 뒤 까까머리들 달려오면
풀밭은 금세 종종걸음으로 소란스럽다
방아깨비는 서둘러 도망쳤지만
잔챙이 풀벌레들 짓밟혀 신음 한다
한주먹 움켜진 삘기는 막내에게 주기도 전에
누이의 손바닥에서 부대끼며 일그러진다
칡뿌리 캐러 산으로 간 둘째는 다람쥐 잡고 고슴도치 잡고
개울로 간 셋째는 개구리만 한 깡통 들고 온다
삭정이 주워 모아 굽고 끄스르니 영양식이 제대로다
여러 형제들 틈에 낄 수 없는 철부지로
형들 따라갈 수 없는 막둥이만 삘기로 통한다
요즘 부용산사로 가는 길목 묘 언저리에서
붓꼬리로 피어난 삘기가 하늘하늘 추억을 꺼내준다

오디농장

운길산역 부근 뽕나무 밭
오디를 사러갔더니 수확은 1주일 전에 끝났단다
냉동오디를 사려거든 까만 차광망 씌운 하우스로 오란다
냉동 오디라도 사기로 작정하고 길을 나선다
내를 건너고 구불구불한 논둑길 밭둑길을 한참 지난다
앙상한 뽕밭 근처에 까만 지붕의 아담한 하우스가 보인다
이미 수확 끝난 뽕나무들의 가지가 뭉툭뭉툭 잘려있다
비쩍 말라붙은 조무래기 오디가 가뭄을 대변한다
시골사람 같지 않은 고운 아낙이 반기며 저장고의 둔탁한 문을
연다
스티로폼 박스들이 차분하게 쌓여있다
4k들이 박스를 열어 싱싱한 오디를 선보인다
수분이 살짝 얼어붙은 윤기 흐르는 오디가 내 마음을 훔친다
냉동된 상태로 얌전히 주인을 기다렸나보다
먹음직스런 열매들이 어느새 입에 군침을 돌게한다

하우스 주변에 미나리 밭이 있어 사고 싶었지만
장어 집에서 쓰기에도 모자란다며 판매를 거부한다
들판에 널린 게 씀바귀지만 사나운 인심 탓에 꺾을 수가 없다
감도는 냉랭한 인심에 폭염의 후덥지근함만 더해간다

갯나물 나문쟁이

바닷물 들락거리는 갯고랑
새우젓 배가 들어오는 선장 갯벌이다
질척질척 발목까지 빠져드는 갯벌에 물이 빠지면
올망졸망 조무래기들 하나 둘 모여든다
광목자루 둘러멘 채 허리 바싹 꼬부리고
두 세치가 안 되는 여린 싹들을 모조리 훑는다
건강에 어떻고 염분이 몇 프로인지 그의 기능은 모르지만
연례행사처럼 이른 봄 시린 발로 노루지 벌 밭을 긴다
오일장날이면 더 많은 아낙들이 곱사등 되어 수를 더하고
채취한 그들은 봄나물 제치고 귀한 대접을 받는다
산천이 여러 번 바뀌고 현대아산이 갯벌을 막았으니
쌀 생산은 늘었지만 오일장 쓸쓸하고 나문쟁이는 볼 수 없다
새우젓도 광천장날에나 사와야 하는 형편이다
농번기의 바쁜 아낙들 종종걸음 부추기고
밤늦게 돌아온 아낙의 발바닥엔 물집이 주절주절 열린다

지금 그곳엔 세계 꽃 식물원이 들어섰다
각처에서 관람객들 몰려든다
그들은 대개 가까운 외암마을 민속촌을 경유한다
국도를 중심하고 현충사 외암마을 꽃 식물원 칠갑산 삽교천이
좌우로 있으니 나문쟁이 아쉬움 접고 가족나들이 좋을시고

나물 뜯고 가재 잡고

휴일과 석가탄일의 틈바구니에 낀 어린이날
부용산 자락 더듬다가 땀 식히러 계곡으로 들어섰다
대개가 큰 바위들로 이루어진 험준한 계곡이지만
공해 없는 일급수이기에 가재가 살 수 있는 모양이다
그리 넉넉지 않은 물가 작은 돌 밑으로 가재 굴 보이고
그 앞에는 소위 가재 밥이라 칭하는 모래가 소복이 쌓여있다
물먹은 바위들이 마르지 않은 채 제멋대로 나뒹군 것으로 보아
계곡 오르내리던 등산객들이 들추고 간 흔적이 역역하다
땀 닦은 수건 헹구다가 눈에 띈 가재 굴에 호기심이 발동한 나
둥글래 뿌리캐던 꼬챙이로 겁 없이 가재 굴을 파재낀다
흙탕물이 채 가라앉기도 전에 잽싸게 뒷걸음질 치는 놈 낚아채곤
집게발 벌려 반항하는 그를 거꾸로 물병에 밀어 넣는다
네발로 기듯 허리를 바짝 구부려 무릎에 붙이곤
상류로 향하며 가재가 숨어 있을만한 바위를 조심스레 들춘다
다섯 마리를 잡고서야 양에 찬 듯 허리를 편다
금붕어 노닐고 굵직한 우렁이가 사는 곳이 좋을 성싶은
사시장철 맑은 물 넉넉히 채워주는 부용사찰 연못으로 향한다

어릴 적 단오절 밤에 그네 뛴다는 가재 잡으러
맘껏 휘젓고 다니던 고향 냇가 생각에 절로 웃음이 터진다
가재 탕 끓여 먹자며 객지에 간 후배들 챙겨 불러들이던 삼촌과 형들
깡통에 구멍 뚫고 솜방망이 만들어 긴 장대에 걸어 시골 밤을 밝힌다
쌍그네로 치맛자락 날리며 들뜬 분위기 속 시끌벅적 했던 단오절
생각할수록 가슴 뛰던 그날들 마냥 그리운 고향마을

정월대보름날 밤에

오늘 따라 유난히 분주한 오빠
통조림 깡통에 못을 대고는 망치질이 한창이다
숭숭 구멍을 뚫더니 할머니한테 목화솜뭉치를 달란다
부지깽이로 꾹꾹 눌러가며 깡통에 쑤셔 넣는다
어디서 구했는지 긴 철사를 깡통에 꿰어 빙빙 돌려본다
어둡기 전에 두 개를 만들어 대문 빗장에 걸었다
다른 때보다 저녁을 일찍 달란다
하나 둘 당숙네 마당으로 집합한다
타성이라야 세 집뿐이니 집안 총각들뿐인 듯하다
오리실 패와 당고개패가 지불싸움을 하기 위해
우리오빠 영천이 삼촌 광직오빠 유도영 선배 넷이서 작당을 한다
유난히 키가 작았던 초등학교 시절에 받은 설움을 갚겠다고 다짐한다
상대는 나이 많고 키 크고 덩치 좋았던 앞마을 배영수가 타깃이다
논 가운데다 짚 토매를 모아놓고 청솔가지를 올렸다
어둡기도 전에 불을 밝히고 야무지게 준비했다
남동생을 시켜 도전장을 알린다
옛날 꼬마인 오빠가 지금은 맨 뒤에서 두 번째 큰 키란다

고등학교 2학년에 훌쩍 키가 컸단다

어찌 소식을 들었는지 대적할 마음이 없다고 전해왔다
한번 손봐주리라 잔뜩 벼르던 오빠가 맥 빠진다며 혀를 찬다
결국 불 부친 깡통 두 개씩 챙겨들고 팔을 힘껏 돌리며 행길로
나선다
쥐불싸움 하겠다며 사전 답사한 논둑을 몇 차례 오가더니
어린동생들 데리고 동네한바퀴 빙빙 돈다
기대에 어긋난 싱거운 대보름 쥐불놀이였지만
신이 난 동생들에겐 더없는 추억의 장으로 남아질 것이다

청사초롱 불 밝히고

단짝 소꿉친구와 둘이서 야산엘 오른다
떡갈나무 잎 여러 장을 따 모은다
싸릿가지 꺾어 나뭇잎 훑어낸 떡갈잎을 꿰맨다
멋스러운 모자 탄생이다
뽀얀 우유 빛나는 감 꽃 실에 꿰어 목에 걸고
클로버 꽃으론 시계와 반지를,
노각 골 언덕 빼기 황토 흙으로 연지곤지를 찍었다
소꿉친구 둘이는 하객 없는 혼례를 치룬다
이제 잔치를 열 참이다
깨진 사금파리 주워 모으고 잡풀 뜯어 음식을 장만한다
잔디밭 끝자락 넓적한 돌 위에 자연밥상을 차린다
엄마 아빠의 삶을 훔친 철부지들의 재롱일까
마주보던 둘이는 거침없이 여보라는 호칭으로 키득거린다
중앙대생 개구쟁이 당숙이 다가와 잔디 씨 붙은 대를 뽑아오란다
씨가 맺힌 쪽을 입안에 물으면 별이 보인다고 꼬신다
호기심어린 조카들 입에 한 개씩 물리고는 순간적으로 줄기를 당긴다
성깔이 나면 아무도 못 말리는 괴팍한 떼쟁이 메롱
막둥이로 이불호청에 진흙 문질러대는 개구쟁인걸 어쩌랴

신혼부부에게 부주는 못할망정 고약하게 군 당숙 벌 받으라며
퉤퉤 당숙얼굴에 까칠한 잔디 씨 뱉으며 꼬집어댄다

간간이 밀려오는 그리움
지금은 흔적조차 없는 잔디밭
보고 싶다
동서남북 흩어져 소식조차 멀어진 소꿉친구야

검정고무신

산사 뒤뜰에 가지런히 놓인 검정고무신

무명실로 듬성듬성 세월을 꿰맨 흔적이 역력하다

한 계단 위 마루에 올라앉은 하얀 고무신은 아직 길들지 않은 채이다

아담하고 작은 사이즈로 주인이 여승이라는 걸 말해준다

저만치서 누더기 입은 엿장수가 가위 장단을 치며 다가온다

울렁울렁 처녀가슴 울렁대는 울릉도 호박엿이라고

고무신이나 찌그러진 냄비 놋수저를 가져오라며 동네를 휘젓는다

어떤 아이가 멀쩡한 신발을 들고 헐레벌떡 달려온다

하늘을 찌르는 엿장수의 호통에 놀란 아이가 찔끔거린다

난 들밥내갈 때 졸랑졸랑 따라다니던 노란 양은주전자를 챙겼다

그리 많은 양이 아니기에 동생들과 나눠먹기엔 한참 부족하다

아쉬움 뒤로 인정 많은 할머니를 떠올려보지만

바람 쐰다며 직조공장을 한다는 친정 유구엘 가신 뒤다

옷감이 귀하던 시절 인조와 소청을 대여섯 필 힘겹게이고

근동에선 제일 험하다는 차돌고개를 넘어 오신 할머니셨다

그렇게 잊혀져가던 추억을 검정고무신이 불러들인다
잠시 햇볕이 스쳐가는 뒤뜰 검정고무신 옆에
흰 고무신이 깨끗이 닦인 채 예쁜 코를 쳐들고 있다
잠시나마 할머니와 상봉할 수 있음에 감사한다

대파와 씨름하다

긴 가뭄에 타는 갈증 달래며
정성들여 가꾼 대파가 선택 받지 못한 가을이다
중부시장을 주름잡는다며 큰소리 펑펑 치던 상인의 말
트럭상차 비용은커녕 인건비도 안 나오겠단다
숱한 엄살로 풍작 대파를 개 닭 보듯 하고 있다
지금처럼 계약재배란 것이 없던 때였기에
농자금회전은 급속도로 곤두박질로 치달리고 있다
비닐하우스도 그리 보급이 되지 않았던 시절이다
수년간 특수작물로 성공을 하고 실패할 때도 있었지만
엄청난 양의 대파를 저장 할 공간이 걱정거리다

이웃에게 나누어준다는 것이 한계가 있었다
지금처럼 저장고가 있는 것도 아니고 판로도 원활치 않았으니
우리들의 놀이마당이 그들의 저장 공간으로 채택되었다
패인 홈을 흙으로 메우고 싸리비로 말끔히 썰고 다듬었다
비닐하우스도 그리 보급이 되지 않았던 시절
넓은 마당에 촘촘히 말뚝을 박고 집을 엮어 울타리를 쳤다
지게로 져오는 대파다발을 일 열로 줄 세워간다
사람이 다닐 틈을 제외하고는 마당을 꽉꽉 채웠다

대파란 것이 얼마나 강한 식물이던지
칼바람이 마당을 엄습하고 눈보라쳐도 까딱 않는다
겨우내 밥반찬으로 볶아대느라 꽁꽁 언 청솔가지 태우면서
눈물 꽤나 흘리고 너구리 여럿 잡은 듯하다

돌풍

곱게 피어난 송화가 안개로 산등성이 타오르고
마당가 풍성한 수국이 몽글몽글 꽃송이를 키워간다
곱디고운 철쭉 옆으론 튼실한 장독대 햇살에 반짝이고
활짝 핀 목단이 길손 반기는 산사가 유난히 정겹다
마음의 평안을 찾아 틈만 나면 들르는 부용산사
겹겹이 피어난 벗 꽃들이 돌풍에 꽃비로 흩날린다
지난해 수료한 단공호흡 수강을 재등록했지만
시 창작 교육과 시간이 겹쳤기에 가을학기로 미룬 곳이다
가뭄으로 몸살 앓는 상추밭에 생명수 챙겨주던 아침
곤두박질치는 스마트폰을 수돗가 빈 박스 위에 올려놓았다
주머니를 탈출한 그의 존재를 까맣게 잊고
지인과의 약속을 지키려고 서둘러 산사를 내려왔다
그가 없으면 아무것도 할 수 없음을 이제야 느끼며
모자를 벗겨갈 만큼 강한비바람과 마주한다
가뭄 속 소나기를 단비로 여기며 우체국으로,

SOS 치고 두 시간의 기다림으로 지쳐갈 무렵
당 역 도착이란 자막 아래로 바삐 내려오는 승객들
그 머리위로 번쩍 치켜든 손에 들린 스마트폰
도우미의 친절이 더없이 고맙던 날

바람에 꺾일 듯한 가로수 길을 허리 꺾고 걷는다

늦깎이의 작은 텃밭

극심한 가뭄으로 대지가 몸살 하던 날
한 평 남짓한 작은 공간을 활용하기로 마음먹었다
야산자락의 흙을 몇 차례 퍼 나른다
꽃집을 찾아가 분갈이로 버려진 플라스틱 용기를 구했다
지인에게서 친환경 퇴비를 한 포대 얻었다
거름한줌 없이 메마른 흙에 퇴비를 섞어준다
음식물처리기에서 발효시킨 미생물거름도 섞었다
뜰 앞에 나란히 세워놓곤 모종을 사러간다
장날이라야 각종 모종을 살 수 있다는 마석우리지만
이미 파종이 끝난 시기라서 모종을 구하기란 쉽지 않았다
이사 온지가 며칠 되지 않아 지리가 생소한 곳이라서
물어물어 모종판매하는 곳을 찾아다닌다
간장종발만한 포트에서 물만 받아먹고 웃자란 고추모종들
비쩍 가물었지만 나이 값 하려는지 고추가 달려있다
몇 개뿐인 가지모종도 빈약하기는 마찬가지다
하루에도 몇 번 씩 물주고 관심주고 정성들여 보살핀다
차츰차츰 중심을 바로 세워가는 그들이 신기하다
짙은 녹색으로 바뀌는 가 싶더니 새로운 꽃을 피운다
새끼방아깨비가 야금야금 깻잎을 갉아 먹는다
폭염을 견뎌낸 칠월 말

고추가 조랑조랑 가지가 주렁주렁
뜰 앞 작은 공간에서 큰 기쁨을 캔다
부러운 듯 눈여겨보는 이들의 가슴에도 뭉클한 감동이 이는가 보다
잘 키워낸 고추랑 가지가 효도를 한다면서 보기에 좋단다
심심치 않게 자라는 풋고추들이 찜통더위로 잃어간 입맛을 찾아준다
일 부잣집 맏딸이라서 잃은 것 보다 얻은 것이 훨씬 더 많은
맘 부자의 삶이 행복한 날들로 여물어간다

다슬기를 잡다

오후 3시 대성리에 도착했다
청평대교 아래 얕은 물가를 맴돈다
모래 속에 몸을 숨긴 다슬기들이 기어 나온다는 저녁나절이다
장마가 훑고 간 뒤라 수심은 낮고 물은 맑았다
수경으로 들여다 본 강바닥은 이끼까지도 훤히 들여다 보였다
비록 잔챙이들이지만
돌멩이를 재끼면 다슬기들은 스르르 몸을 던져 자갈 틈으로 숨어든다
짧은 시간에 한 보시기쯤 건질 수 있었든 건 수경 덕분이다
그렇게 재미에 푹 빠져있을 때
찌는 더위는 오간데 없고 추위가 엄습해 오기 시작했다
허벅지를 적시던 물이 어느새 배꼽까지 적셨다
나도 모르는 사이에 점점 깊은 물속으로 들어섰던 모양이다

태풍 고니가 제주도에 상륙했단다.
지난주엔 그리 시원하게만 느껴졌던 강물도 차갑게 느껴졌다
우린 그만 가자가자 하면서 거듭 눌러앉은 욕심쟁이다
몇 시쯤이나 됐을까 슬슬 허기가 느껴졌지만
썰렁한 날씨 탓인지 챙겨온 도넛엔 좀처럼 손이 가질 않았다

점심을 거른 때문인지 따끈한 국물 생각이 간절하다

한기를 느끼자 돌아가려는 발걸음이 다급해졌다
달마공원 옆 주차장까지는 약20분 정도를 걸어야한다
이대로 가기란 너무 먼 거리라서 도로변 식당으로 들어갔다
그러나 우리가 원하는 식단은 없었다
결국 집에 도착해서 밥 짓고 따끈한 우거지 국으로 허기를 달랬다
사람이 간사 한 건지 날씨가 간사 한 건지
찜통더위 열대야란 말은 고사하고
폭염이란 것이 있었는지 조차 모를 일이다
적어도 오늘만은 폭염이란 투정이 무색할 날이다

가뭄 뒤 단비

우르릉 쾅쾅 천둥소리 요란하다
호된 가뭄으로 저수지는 거북이등이라는데
우산 없이 외출한 벌 톡톡히 받는다
전철을 내려서 버스를 타고 두 정거장 거리건만
벼락 동반한 장대비로 순식간에 물바다가 되어버린 도로
하수구가 막혔는지 차만 지나가면 물벼락을 맞는다
모처럼 연극제에 참여했다간 물에 빠진 생쥐 되어 돌아왔다
신발까지 흠뻑 젖어 물 텀벙이니
봄비치고는 대단한 위력을 지닌 것 같다

개나리 철쭉이 만개하고
촛대 치켜든 백목련이 불 밝힌 4월
새싹들 반란에 단단하게 굳은 땅이 근질근질 하겠지
움츠렸던 씨앗들이 경쟁하듯 단비에 고개를 내밀 것이다
긴 가뭄에 속내를 훤히 내보이던
거북이 등딱지 저수지도
내일쯤이면 물 부자가 되어있을 것 같다

조롱박

철장높이 매달린 박가네 조롱이들이
코스모스 흐드러진 강변을 살피느라 여념이 없다
꽉 끼는 초록 원피스로 잘록한 허리 뽐내는 조롱이는
길쭉한 목 길게 뽑아 올리며 환경지킴이를 자처한다
내림천 떠나 굽이굽이 부대끼며 유영하던 아리수가
양수리 연 밭 품어 안은 채 잠시 단잠에 빠졌다
먹이사냥 학습 중이던 어미오리가
부리로 콕콕 쪼아대는 소리에 선잠 깬 아리수
텃새로 자리매김한 그들에게 밀려 말없이 떠난다

자다 깨다를 반복하며 먼 길 찾아와 만난 그들
훈훈한 사랑 넘쳐나는 코스모스 축제장에서
으스러져라 끌어안고 얼쑤 어깨 춤춘다
이슬 맺힌 조롱이들 잘 왔노라 함성 지를 때
동은 트고 놀란 어둠 사라지고
파란하늘은 왕숙천변 아리수를 깨우고
조롱이들 입 모아 풍년가 부르고

팝콘

눈 비비며 깨어난 이른 새벽
팔각 조일성냥불 켜 짚단에 불을 붙힌다
은은하던 불길이 활활 타오르면 찬물이 데워진다
세수와 양치질로 대가족의 아침이 열린다
치약과 소금을 곁들여 쓰며
홰에 걸린 삼베수건도 가족이 함께 쓰던 정겨운 시절이다
턱수염 덥수룩한 머슴할아버지가 마당에 쌓인
높다란 짚단을 나뭇간으로 연신 옮겨 쌓는다
이때 활활 타오르던 불길 속에서 톡톡 터지는 팝콘들
긴 부지깽이로 잽싸게 끌어내보지만 절반도 못 찾는다
나머지는 이글거리는 불속에서 헤어나지 못한 채 불꽃으로 사라진다
아니 장렬하게 산화해서 불의신이 되어간다
이왕 불속에 뛰어든 전사들인 걸
상전 위한 비장한 각오로 목숨 바친 그들인 것을
숯불이면 어떻고 짚불이면 어떠하랴

뒤이어 동료들까지
과감히 금빛 껍질을 벗어던진다
줄줄이 하얀 몸통 드러내며

고운몸매 자랑 질로 시끌벅적하다
제 꽁지에 불붙은 줄 모르는 부지깽이가
덩실덩실 덩달아 몽당 춤춘다

수수깡 안경

큰 마당 언저리 단 수수밭
얼마나 자랐는지 날마다 키 재기를 한다
단수수를 베면
단맛을 보는 것이 우선이고
장난감 만드는 것이 둘째이고
동생돌보는 시간이 줄어듦이 셋째이다
단 할머니가 베어줄 땐 막내부터 거슬러 배당받으니
차례가 온다 한들 기껏해야 한두 자루에 불가했다
더 갖으려는 욕심에 식구들 몰래 사탕수수 밭으로 향하지만
서툰 낫질에 베인 손가락 움켜잡고 할머니를 찾아 나선다
버선 기우려 할머니가 가마니 틈에 끼워둔 광목천을 쭉 찢어
밭둑에 널브러진 쑥 잎 콩콩 찧어 상처에 바르곤 꽁꽁 묶는다
피는 멎었지만 상처가 아려서
햇빛 따사로운 툇마루 끝에 걸터앉아 시무룩해 있다
언년이 눈치 살피던 할머니 사금파리 찾아들고
꺽다리 단 수숫대 잘라 껍질 벗겨 곱게 다듬는다
얄팍한 안경테는 겉껍질로 만들고
이음새에 하얀 속살 꼽으니 근사한 안경 탄생이다

해질 녘
수수깡 안경 끼고 똥 폼 잡고 부엌에 들어서니
알갱이가 듬성듬성한 갓 찌어낸 따끈따끈한 옥수수를 건넨다
신식안경이 곧잘 어울린다는 칭찬에 힘입어 우쭐 해진 나
굴렁쇠 놀이에 푹 빠진 동생들 향해 목청 높인다

버찌 먹는 아이들

시목은 은행나무 시조가 비둘기인 구리시가
근래 벚꽃나무 거리로 변했다
지난 봄 행인들의 마음을 들뜨게도 했던 벚나무가
농익은 버찌를 덕지덕지 달고 길손의 발목을 잡는다
강렬한 햇빛 탓인지 열대야 때문인지
쫓기듯 천 길 낭떠러지로 겁 없이 내리뛴다
땅을 베고 누웠던 보도블럭이 우루루 놀라 깬다
톡톡 하강하는 버찌를 흡입하듯 받아먹던 아이들
입가에 남긴 까만 흔적들로 너 나 할 것 없는 버찌마니아다
끊임없이 쏟아져 내리는 버찌를 감당키 버거운 듯
이웃과 나누려다 손발이랑 옷가지를 까맣게 물들였다
가뭄 끝 단비가 한바탕 훑고 지나갔지만
그들은 아직도 껌둥이로 나란히 누워 빈둥거린다
높은 가지를 손짓해 부르지만 눈요깃거리일 뿐
실속은 그늘 아래 줄지어 누운 아이들의 몫이다
그저 편안한 자세로 누운 채 날름날름
새콤달콤한 수액만 빨아먹곤 퉤퉤 내뱉는다
발가락 잘린 비둘기가 씨앗 쪼며 종종걸음 칠 때
나는 낮은 가지 하나 가까스로 휘어잡아 몇 알갱일 따 먹는다
순간 거침없이 벚나무에 오르던 유년의 모습이 스친다

- 4부 -

봄은 한 근에 얼마지

어머님 생신

음력 오월 스무날은 그분의 생신일
흩어져 사는 여덟 남매가 고향으로 모인다
그분의 외출복과 구두 준비는 큰딸 몫이고
용돈과 다양한 선물 공세로 기뻐하시는 분이셨다
웬만해선 마음에 들지 않는다고 투정 부리시니
자칫 화를 부를까 조심스러울 때도 있다
그간 그분을 자주 찾아뵙던 터였기에
그분의 취향을 잘 알 수 있음을 감사히 여긴다
백내장 수술로 안경 없이 책을 읽으시던 그분은
대단한 정신력으로 여덟 남매 안부를 챙겨 묻기도,
때로는 망가진 고관절로 힘들어 하셨지만 운동 삼아
유모차에 몸을 의지하고 주변을 두루 살피던 분이시다
지난해 3월 두세 번의 응급실행으로 가슴 뛰게 하시드니
거동이 불편해진 지금은 요양병원에 머물고 계신다

어깨를 짓누르던 무거운 짐 내려놓은 종부의 삶
다음 달 오월스무날이 그 분의 95회 생신날이다
우리가 어찌 모셔야지 그분이 행복해 하실까,

인기 짱 울엄니

성품 좋아 웃음 많고
화술 좋아 이웃 많고
시력 좋아 책을 읽고
사랑 많아 훈훈했던
자랑스러운 우리 엄니
구순 넘어 얻은 병에 발목을 잡혔다오
활동반경은 직사각형 병실침대가 전부요
면회도 잠시 얼굴 뵙는 것이 전부랍니다
과일이나 음식도 제재 받기 일쑤이고
휠체어 외출도 금지사항이라네요
할 수 있는 것이라곤 오직 침대지킴이 뿐이래요

여덟 남매

형님 우리 집 계보 한 번 들어 보시려우
장남은 내리 딸 셋 아들하나 두었으니 잘한 거지요
이남은 아들 둘 낳고 딸이 없어 서운타 하더이다
삼남 역시 아들 둘 낳고 딸 기다리다 지쳐 포기한 모양입디다
큰형님과 무려 22살이나 차이가 나는 막내 또한
아들만 셋을 두었으니 재롱둥이 간곳없고 아들뿐이지요
딸을 기다리던 형제들이 재주가 메주라며 재미없다 하더이다
큰 딸 둘째 딸은 아들 딸 두었으니 다행스럽다 싶지만
멀리 유럽에 살면서 향수병 앓던 셋째 딸은 외롭다하더이다
행여 딸 하나 낳을까 싶어 막둥이를 가졌지만 또 아들이었다우
그렇게 아들만 넷을 둔 딸 바보 셋째 딸에 이어
막내딸도 튼실한 아들만 둘 두었으니 무뚝뚝한 아들풍년 이라우
어쩌다 시누올케 만나면
우리 딸 쌍둥이 낳아서 하나씩 키우지 않을래 라는 농담 오가고
자매들이 간절히 바라던 딸 바라기 욕망은 물거품이 되었죠

딸 + 하나 + 하나 아들하나
딸 하나 아들 + 하나
딸 + 하나 + 하나
아들 + 하나

아들 + 하나
아들 + 하나 + 하나 + 하나
아들 + 하나
아들 + 하나 + 하나
숫자 헤아리다 헷갈릴 때 많지만
여덟 남매 자녀 중에 아들 열여섯과 딸 일곱을 두었으니
이만하면 대종가 큰 며느님 자식농사 잘 지으신 거 맞죠

자전거 타기

자전거를 배우고 싶어 엉아를 졸랐지
학교운동장까지 끌고 온 아버지 자전거
짧은 다리로 페달을 제대로 밟는다는 건 불가능이라 했다
운동장을 몇 바퀴 돌 때까지는
구슬땀만 뻘뻘 흘릴 뿐 애만 태웠지 타지를 못 했어
비틀비틀 넘어질까봐 두려 웠지만 짐받이 잡은 엉아를 믿었는데
갑자기 자전거가 중심을 잃고 좌우로 흔들리더라고
이 때 멀찌감치 떨어져서 킥킥거리며 박수 치고 있는 엉아
혼자라 생각하니 갑자기 다리가 후들후들 떨려오는데
엉아는 혼자도 잘 탄다면서 계속 놀리기만 하더라고

나 참 기가 막혀서
내 뒤에 있으니 걱정 말라던 엉아건만 믿을 놈 없더라

엉아를 원망스럽게 바라보며 페달을 밟아보았지만 힘겨웠어
용주도 관영이도 바람처럼 휘리릭 앞을 가로 지르는데
아버지 자전거는 겁나게 무거워서 괴물처럼 느껴지더라고
수차례 넘어지고 넘어지다 보니 기술은 조금 씩 늘어갔지
다시 일어나길 수 십 번 반복하다보니
팔꿈치 깨지고 찢긴 무릎에선 피가 흐르니 오기가 생기대

해가 꼴깍 넘어갈 무렵이 되고서야 혼자 타는 걸 익혔지
그리고 이틀 째 되던 날은 누구의 도움 없이도 혼자 탈 수가 있었지
일주일 쯤 되어서는 조금씩 바람 가르기를 할 수도 있더라고
자전거 타고 신나게 달리는 내 실력 한 번 보여줄까

몽당연필

땡땡땡 끝을 알리는 반가운 종소리
집으로 내뛰는 발걸음은 겅중겅중
허리에 맨 책보에선 달가닥달가닥
달음박질로 가쁜 숨 헐떡이는 주인을 닮았는지
함석필통 속에서 새어나오는 신음소리가 귀를 당긴다
혹여 탄피에 억지로 꿰맞춘 몽당연필의 반란일까
불 꺼진 터널을 탈출 할 역적모의를 한 것일까

묵직한 액체주머니는 머리를 짓누르고
심한두통은 머리를 들 수 없게 고개를 꺾는다
까만 물체가 저벅저벅 내게로 다가서고
얼굴은 해산어미를 꼭 닮은 부스스 호박덩이다
알 수 없는 굉음이 머리를 조이기 시작하면
앞으로 가려해도 오른쪽으로 비칠비칠 중심을 잃는다
가을걷이로 베 방아 찧던 발동기 소리며
과속으로 치닫는 오토바이들이 고막을 찢는다

달팽이관의 이탈이라며 이비인후과로 가보란다
또 누군가는 큰 병원에 가서 MRI를 찍어보란다
갈팡질팡 진흙탕 길 헤매듯 만신창이 된 나와
긁히고 부대끼던 필통 속 몽당연필과 무엇이 다르랴

귓가에 노래만 남기고

긴긴 세월 참선을 거쳐
풍각쟁이로 거듭난 멋쟁이 그인
낯 가림 심하지만 계절 잘 만난 유별난 인사
덧없이 보낸 옛 시절 더듬으며
망사 옷 한 벌로 여름을 견뎌낸 욕심 없는 단벌신사
성품은 남달리 과묵하지만
우렁찬 노래하나는 동네방네 소문난 풍각쟁이
주어진 짧은 삶 서러워 울다
소리 없이 어디론가 훌쩍 떠나간 그이

짧고 굵게 살고 싶었는지
낡아빠진 허물만 흔적으로 남기고
베짱이 보다 앞서 훌쩍 떠나버린 그이

키 큰 아이

주말이면 기어 다녀야하는 경춘로
직선과 곡선 터널 다섯 개를 연달아 뚫고 달린다
창문을 열어 제치고 대교를 가로 지르는 기분이 더없이 경쾌하다
듬성듬성 꺼진 가로등 사이로 강바람이 스친다
갈림길 앞에 버티고 선 아이의 키가 유난히 길어 보인다
가까이 다가가니 뚫어져라 쏘아본다
화들짝 놀라 올려다보니 뜻밖에도 외눈박이다
자기가 무슨 애꾸눈 선장이나 되는 듯 잘난 체 버티고 서있다
앞을 지나려니 원반을 매단 채 전후를 예리하게 살핀다
흥 잘나지도 못한 게
외눈박이로 폼 잡고 노려보면 어쩔 건데
삐쩍 마른 몸매에 키만 큰 게 무슨 자랑이라고
말도 안 되는 수작질이야
가뜩이나 키 작고 볼품없는 내 앞에서
다음에 또 노려보기만 해봐라
하나뿐인 눈에 마스크를 푹 눌러 씌울 테니

꽃비로 내리던 날

사월 초이틀 다섯 번째 수강 날
지하를 달리는 전철 타고 교육원에 도착했기에
벚꽃이 그리 흐드러지게 핀 줄을 몰랐다
수업이 끝나 식당으로 향하면서
작은 바람에도 우수수 떨어지는 꽃비에 놀랐다
도로변에 숱하게 쏟아진 그들이
자동차가 지나갈 때마다 이리 날리고 저리 흩어지고
파도치듯 몰려다니는 것이 마냥 신기할 뿐이다
문득 연인과 걷고 싶다는 생각이 머리를 스친다
봄이면 진해로 윤중로로 혹은 워커힐로
날 잡아 꽃구경 다니던 날이 엊그제 같으련만
고온 현상으로 보름이나 앞당겨 핀 개나리
목련은 이미 낙화로 시커멓게 변질되어간다

환승

평상시엔 일주일에 한 번
아니 어쩌다 이용하는 65-1번 버스다
봄가을학기엔 매주 수요일 15회를 4년 째 왕복했다
웃음강사와 동행하면서부터는 이용이 뜸했다
고용창출 회의 마친 오늘 모처럼 그 버스에 올랐다
브레이크 리콜로 애마를 맡긴
기아센터엘 가기위해서라면 구리로 가야했기 때문이다
헌데 탑승한 버스가 동구동을 그대로 스쳐간다
평생교육원을 왕복하던 노선으로 57사단 앞으로 내달린다
고려대 시창작과를 다니던 습관이 몸에 배었는지
잠시 착각에 빠졌는지 그저 황당할 뿐이다

되짚어 구리 행 65-1번 버스가 오기만을 기다린다
버스는 무려 20분이 지나서야 도착했다
카드를 찍으니 환승이 아닌 1,100원이 또 찍힌다
고개를 갸우뚱거리던 기사님 왈, 같은 번호는 환승이 아니 된단다
그간 몰랐던 내용을 뒤늦게 터득했다
10시가 다 되어서야 기아센터에 도착하니

꾸벅꾸벅 조시던 경비아저씨가 많이 기다렸단다
늦었지만 서류에 사인이나 하고 가라한다
죽을 때까지 배운다는 말을 되새긴다
이 세상 끝날 때까지 배우며 살리란 결심을 다짐한다

널뛰기

어릴 적
새벽잠을 쫓게 했던 그
섣달그믐부터 상대방을 물색해 점찍어 놓고
정월 대보름 아침이 밝아오기를 기다렸지
창호문짝이 훤하게 밝아오면
덥수룩한 수염 할아버지 불러 널뛸 채비를 부탁했지
집 토매를 여러 단 묶어 마당 가운데에 놓은 뒤
두 사람이 끙끙대며 묵직한 참죽나무 널을 들고 나오지
그는 아래 윗마을 통 털어
하나밖에 없는 가보중의 가보이니까
마을에 경사가 나면 풍습대로 새집을 짓고
밭떼기 논떼기 떼어주며 신접살림을 차려주지
그때마다 꼬박꼬박 불려 다니는 귀하신 몸
그가 바로 참죽나무 널이지

평소엔 농기구 창고지기로 한가한 그가
정월보름 날 동네 처자들 인기 독차지하고
꽃피는 봄 신접살이엔 극진한 대접을 받았지

윷놀이

반질반질
닳고 닳은 박달나무 윷가락
정월대보름이나 되어서야 아낙들 차지
그때는
세배도 아들 먼저 딸들은 뒷전이었지
추석이나 설빔으론 노랑저고리 빨강치마
동창들이 찾아오면
앉은뱅이 책상서랍 엎어놓고
검정 크레용으로 말판 그려주시던 울 엄니
석동묶음 잡고 옥신각신 시끌벅적 일 때
가마솥에 찰밥지어 돌절구에 콩콩 찌어
후후 불며 노란 콩가루 위에 쭉쭉 늘려가던 찰떡
덜 깨진 밥알이 입안에 굴러도 잊을 수 없는
꿀맛 같던 울 엄니 표 즉석인절미
잘 치지도 못하는 민화투 배우고
육백을 친다고 꽃그림 맞추고
나이롱뻥이란 걸 쳐보고
그저 마냥 그립기만 한
천방지축 초등학생 시절

병풍

아담한 호리백자 끌어안고
학으로 치장한 늘씬한 청자 항아리 곁에 둔 그녀
사대부집안에나 있을 법한 여덟 폭 치마
도자기 문양 외투가 썩 잘 어울리는 양반 댁 마님
여름내 한가로이 그늘만 즐기다가
매서운 바람 가슴 파고드는 겨울 문턱에 닿았다
서른여덟 나이에 철 든 그녀
듬직한 남정네 빽 믿고 안방 문지기로 나선다
오직 그가 할 일이라곤 겨울 한 철
고생이라 해봤자 고작 두서너 달
칼바람 왕래하는 동지섣달 견디면 임무가 끝난다
지켜보던 그이도 이젠 나이를 들었노라
청아하던 바탕색 초췌해지고
여덟 폭 치맛자락엔 얼룩이선명하다

요즘 신세대 젊은이들
무슨 이야기인지 알고 있을까

대리석 작은 집 짓고

20대에 만났으니 팔팔한 청춘인데
고까짓 것 외면하지 못한 동행 이었나요
류마티스 관절염의 집념이 얼마나 강했기에
꺾지 못한 채 긴긴 세월 함께 하셨나요
손가락 뭉개고 발가락 뭉개고
그도 모자라 가슴 후비고
가정을 뭉개고 평생을 뭉개도록
어찌 그리 너그럽게 품고만 계셨나요
인연이 아니라면 진작 떼쳐버리지
평생을 끌어안고 예까지 오셨습니까
삽교천 건너올 때 떼치지 못했거든
안양천 건너면서 모질게 팽개치지
무에 그리 아까워 평생을 끼고 사셨나요

고통스러웠던 한평생 이승에 가두고
아픔 없는 하늘나라 잘 찾아 가셨네요
아담한 대리석 유택에 드셨으니
이제 고통 없는 평안한 잠 누리옵소서

추억의 양은 변또

두 번째 수업이 끝났지
달리기하듯 난로가로 와르르 모여들었지
고사리 손들이 다투듯 그들을 들이밀기 시작했지
벽돌 쌓듯이 노랗고 하얀 모습으로 차곡차곡 난로위에 쌓여갔지
세 번째 수업 중엔 달그락달그락 거렸지
선생님 눈치봐가며 변또 바꿔쌓기를 하기 때문이었지
김치 익는 냄새가 슬슬 식욕을 자극했지
꽁꽁 언 점심밥 먹지 않으려면 달리 방법이 없었지
눈비에 얼었다 녹기를 거듭하던 생장작들이었지
제 몸 불사르며 뿜어낸 열기로 흙집교실을 따뜻이 채워갔지
네 시간 째 수업이 시작되면 솔솔 밥 타는 냄새가 코를 찔렀지

오직 한번 훈훈해지는 점심시간이었지
서둘러 열어 재낀 변또에서 쓴 냄새가 진동했지
대개 난로를 독점하려는 욕심쟁이 힘 센 아이의 밥이 타기마련이었지
까맣게 타버린 도시락 주인의 볼멘소리가 터져 나왔지
웃지 못 할 상황에 예서제서 킥킥거렸지
터져 나오는 웃음 감추지 못해 화를 부르는 철부지들이었지

변또 전쟁에 나약한 아인 더러 매를 청하기도 했지
종로에서 뺨맞고 한강에 대고 눈 흘긴다는 옛말 있었지
딱 그 짝이었지
태운 도시락이 형편없이 쭈그러져 볼품없을 때쯤이었지
방학이란 이름으로 변또 전쟁은 휴전에 들어갔지

동구릉 담쟁이

모진 비바람 마다 않고 꿋꿋이 살아온 송선생
긴긴 세월 하늘 향해 기개를 펼치던 어느 날
갈 곳 없어 헤매던 넝쿨 녀에게 옆구릴 허락했다
넉넉한 마음 베풀어준 남정네 껑충한 몸을
사랑인 냥 허리 휘감으며 애정을 쏟아 붇던 그녀
씩씩한 그에게 빌붙어 기생하며 야금야금 양분갈취 중이다
그녀의 잔꾀에 속아 검은 속내 모른 채 보낸 허송세월로
뼈만 앙상해진 남정네 시름시름 몸살을 앓는 중이다
능 지킴이 목조이며 제 배만 불리던 그녀로 인해
볼품없이 초췌한 모습으로 변모한 껑충한 그 사내
악착같이 달라붙은 그녀에게 생명을 바친 송선생
그는 싱싱하고 푸르던 잎 모두 버리고 앙상한 꺽다리로
생명 잃은 장승처럼 능 지킴이로 쓸쓸히 서있다

날아 온 돌이 박힌 돌을 뽑아버린 형국으로…

스트로우

가을학기 수강생으로 훈훈해진 시창작 교실
고려대학교 평생교육원 212호가 정원을 넘겼다
열강이란 소문이 꼬리를 물고 담을 타 넘었기 때문이다
불붙은 열강이 해를 거듭할수록 숨은 인재들 모여들고
남녀노소 불문하고 창작에 몰두하니 용광로가 따로 없다
앞에서 뒤에서 장원이란 이름으로 귀에 걸린 입이 함박꽃이다
이젠 게으름 떨던 지난 세월 뒤돌아 봐야 할 때가 되었나보다

어느 시인의 손에 이끌려 교실에 들어선 에이스
그와 동행한 친절한 뽀뽀쟁이 청강생
열강에 빠져드는가 싶더니 슬며시 수강생 책상 위에 걸터앉는다
버릇이 없는 건지 눈치가 없는 건지 겁 없이 교수님 책상도 넘본다
그를 청강생이라 깔보다간 우리 문우님들 큰 코 다치게 생겼다
어린이들과 어울릴 땐 그저 대수롭지 않게 여겨왔던 그지만
평생교육장까지 마음 놓고 들랑거리며 관심을 끈다
거침없이 교수님께 다가가는 빨대의 용기에 힘찬 박수를,

붕어빵

여학교 등하교길 담벼락 모퉁이
포장마차 닮은 허름한 천막집이 눈에 들어왔지
종종걸음으로 돌아가야 할 시오리길이 퍽이나 부담스러운 하교 길
이팔청춘들 옹기종기 둘러앉는 단골 붕어빵집이지
검정색 교복이 썩 잘 어울리는 철부지들이 들어서면 왁자지껄
하하 호호 깔깔 웃음폭탄에 플라스틱 의자가 들썩거렸지
붕어가 없는 무늬만 붕어빵이지만
언 손 호호 불며 쩔쩔매는 꼴은 가관이었지
쇠똥구리만 굴러가도 까르르
소복이 쌓인 함박눈에 운동화가 흠뻑 젖어도 까르르
면양말에서 옮겨 붙은 새파란 멍 자국에도 까르르
숨이 꼴딱 넘어갈 듯 웃음보가 터지곤 했지
그렇게 웃음을 퍼 올리는 동안
붕어빵 천원 어치는 게 눈 감추듯 사라졌지
따끈따끈 달콤한 팥 앙금에 홀딱 빠지던 꿀 빵이었지
붕어빵이 입맛에 맞춘 건지 입이 붕어빵에 맞춘 건지 알 순 없지만
잉어 빵 속에도 잉어는 없었거든

학창시절이 마냥 즐거웠던

천진난만하고 소탈한 소녀들이기에 그런 거지 뭐

누더기

저물어가는 2014년 12월 둘째 주
고려대역 3번 출구를 나와 약속장소로 간다
수십 년만의 강추위라는 예보가 있긴 했지만
코트 깃 치켜세우며 찬바람 안고 찾아간 생소한 거리
방한복 껴입은 미화원들 두툼한 장갑 끼고 빗자루 질이다
가로수에 묶여있는 비닐 끈이 그네 뛰듯 흔들거리는데
바람막이 울타리 안에 아무렇게나 버려진 양심조각들
득실거리는 그들로 인해 죽어가는 토양이 신음을 한다
어쩌다 갈길 못 떠난 생명 잃은 낙엽은 제멋대로 나뒹굴고
작달막한 주목 잔가지들엔 벌레집으로 뒤덮여 볼 상 사납다
그 모양이 바람으로 돌려 감던 어설픈 솜사탕 꼬지를 꼭 닮았다
폐업 점포정리로 거리마다 넘쳐나는 의류 떨이가 판을 치는 요즈음
주절주절 누더기 걸치고 서있는 전주들의 모습이 낯설다
명품 엿장수의 전용물로 알았던 누더기 대거 등장이다

이제 우리는
어디로 가야하나
어떻게 살아가야 할까

지구상에 발 부칠 곳이 예말고 또 있을까
계절 상관없이 먹을거리까지 풍부해진 세상살이지만
폐기물로 멍들어가는 지구상에 우리네 앞날은

봄은 한 근에 얼마지

입춘대길 건양다경
쌍 대문에 얼굴 마주한 노란종이에
큼직하게 써 부친 붉은 글씨 두 얼굴
동지를 보내면서 새해만 기다렸나 보다
동장군 물러갔으니 그가 오기만 기다린다며
해가 바뀌자마자 앞장서 가가호호 방문하느라 여념이 없다
만나는 이마다 오가는 인사말
입춘대길
그가 얼마나 대단하기에 싱글벙글 입춘대길
주고받는 말마다 입춘대길 소원성취 만사형통
장난기 발동한 난
도대체 봄이 한 근에 얼마냐고
이천 팔천 원이라고 답하는 문우
푸하하 내가 던졌던 농담이 되돌아왔다

1) 2000+8000=10,000
2) 3000+7000=10,000
이천 팔천이 비싸면 깎아준다고 했다
더하기로는 똑 같지만 곱셈으로 하면
1)번보다 더 비싼 2)번이건만

더 붙여 말하면서 깎아준다 억지소리 하는
봄 한 근 값으로 떨어보는 너스레다

김태연 세 번째 시집

새들의 행선지

초판인쇄일 2016년 6월 10일
초판발행일 2016년 6월 15일

지은이 : 김태연
펴낸이 : 김순진
편집장 : 전하라
디자인 : 김초롱
펴낸곳 : 도서출판 문학공원
(우편번호 03382) 서울 은평구 통일로 633
녹번오피스텔 501호 스토리문학사
등 록 : 2004년 3월 9일 제6-706호
전 화 : 02-2234-1666
팩 스 : 02-2236-1666
홈페이지 : http://cafe.daum.net/yob51
이메일 : 4615562@hanamil.net

* 책값은 뒤표지에 있습니다.